図解法律コース6

営業部のための法律知識

弁護士
小澤 和彦＝監修　総合法令出版＝編
Kazuhiko Ozawa

通勤大学文庫
STUDY WHILE COMMUTING
総合法令

まえがき

本書『通勤大学　図解法律コース6　営業部のための法律知識』は、企業の営業部に所属していたり、営業事務などの関連業務に従事している方々をターゲットに、営業担当者として「知っておくべき」「知らなかったではすまされない」法律の基礎知識を網羅的に解説したものです。

企業にとって営業部の果たす役割の重要性は今さら説明不要でしょう。どんなに優れた商品やサービスを開発しても、それを売る部隊がいなければ、企業は利益をあげることができず、社員に給料を払ったり、取引先に代金を払ったり、または社会に税金を納めることができません。そして、発展するどころか、存続が不可能になっていきます。また、営業部が取引先や消費者の声をすくいあげることによって、企業はより優れた商品やサービスを生み出すことが可能になります。営業部こそ企業の最も重要なセクションであることに疑いはないでしょう。

しかし、営業マンはただ単に商品やサービスを売ってくれればいいというものではありません。まず、すべてのビジネスの基本である契約および契約書に関する知識は必ずマスターしておかなければなりませんし、手形や小切手といった決済手段の取り扱い方も知らなくてはなりません。また、営業の仕事は契約や注文をとってきて終わりではなく、実際に商品を納品して代金をきちんと回収するまでが一連のプロセスであることを肝に銘じなくてはなりません。したがって、万が一取引先から支払がなされなかった事態に備え、より適切で確実な債権回収の手段を講じるだけの知識が必要です。さらに現代においては、消費者保護や個人情報、営業秘密などに関する新しい法律が次々に生まれていますので、これらについても一定の知識を身につけておく必要があります。

法律に明るい営業マンは顧客の信頼も篤く、ひいては自分の所属する企業のイメージアップにも大いに貢献することになるでしょう。ぜひ本書でリーガルマインドを向上させ、営業マンとしてさらに高いレベルをめざしてください。

最後に、本書は難解な法律知識の基礎を短時間で効率よく学んでいただくために、１テーマを見開き２ページの図解つきで解説しています。通勤時間などの細切れの時間をぜひ有効活用していただければ幸いです。

総合法令出版

目次

第2章　契約書・その他のビジネス文書のつくり方

第3章　手形・小切手の基礎知識

第4章 債権回収の基礎知識

第5章 その他の営業に関する法律

装丁　八木美枝　　本文図版　横内俊彦　　本文イラスト　藤田めぐみ

※本書の内容は2008年5月1日現在の法令等に基づいています。

※本書では紙面の都合により、一部の法律については略称を用いています。予めご了承ください。

第1章

契約の基礎知識

1 ビジネスと契約

日本は自由経済の国です。誰がどのようなビジネスを行い、どのようにお金を儲けるかは原則自由とされています。そして、ビジネスの中で最も重要な役割を果たしているのが契約です。すべてのビジネス活動は契約をルールとして行われているのです。

私たちの日々の生活もその多くが契約に基づいて行われています。たとえば、ビジネスマンであれば、毎日の通勤のために電車に乗るときは鉄道会社との間に運送契約を結び、昼休みにコンビニで弁当を買って食べるときはコンビニとの間に売買契約を結んでいます。終業後にスポーツクラブに寄って一汗かくときはスポーツクラブとの間に会員契約を結んでいるはずです。もちろん、会社で働いている場合は勤務先との間に労働契約を結んでいますし、マンションを借りている場合は家主との間に賃貸借契約を結んでいます。

以上挙げた例の中には、売買契約のようにその場で申込を行って代金を支払い、商品やサービスの提供を受けるという極めてシンプルな形態もあれば、会員契約や労働契約、賃

私たちの日々の生活もその多くが契約に基づいて行われています

貸借契約のように契約の内容も複雑になり、期間も長くなり、それを書面で定めるなど内容はさまざまですが、契約の当時者が対等な形で締結して、互いに義務と責任を負うということに変わりはありません。

しかし、実際には当事者双方の関係が対等でなかったり、当事者として相応しくない、どちらかの負担が重過ぎるなどの場合があります。そのため法律は契約については原則として自由としながらも、個別にさまざまな定めを儲けています。

契約はビジネスの最前線で働く営業マンにとって基本中の基本です。契約１つで自分の働く会社が危機に陥る可能性もあります。本書で確かな知識を身につけていきましょう。

2 契約と約束の違い

契約は単なる「約束」とは違います。なぜなら、意思の合意により契約をした当事者はそれぞれ互いに相手に対して一定の義務を負うと同時に、権利を得ることになるからです。たとえば、ある商品を売買する契約を結ぶと、売り手は商品を買い手に引き渡す義務を負うと同時に、買い手から代金を受け取る権利を取得します。逆に、買い手は売り手に代金を支払う義務を負うと同時に、売り手から商品を受け取る権利を取得するのです。

そして、当時者の一方が契約に違反して義務を履行しない場合、相手方は裁判所に訴えて、義務を強制的に履行させたり、損害賠償を求めたり、あるいは契約を解除することができます（38ページ参照）。このように国家が裁判所を通じて法律的な強制力を持たせることができるのが契約と単なる約束の大きな違いです。

したがって、いったん契約が合法的に成立したら、当時者の一方が勝手に契約を取り消したり、内容を変更することはできません。成立した契約を取り消せるのは次の場合に限

契約を取り消すことができる場合

- ① 相手の債務不履行などを理由に契約を解除する場合（法定解除）
- ② 契約で認められている解除権を行使する場合（約定解除）
- ③ 当事者同士の合意によって契約を取り消す場合（合意解除）
- ④ 契約成立の際に問題があり、意思表示の取消や無効が認められる場合

られています。

①相手方の債務不履行などを理由に契約を解除する場合（法定解除）

②契約で解除権が定められており、その解除権を行使する場合（約定解除）

③当事者同士の合意によって契約を取り消すことになった場合（合意解除）

④契約成立の際に問題があり、意思表示の取消や無効が認められる場合

なお、当時者の一方が義務を履行しない場合、相手方が法律上の手続を踏まずに自分の力で履行させることは、「自力救済の禁止」と言って法律で禁止されています（例　代金が支払われないのを理由に、相手から納品した製品を引き揚げたり、代金を回収するなど）。

3 契約自由の原則と公序良俗違反

契約の当事者は契約の内容を、原則として当事者間の自由な交渉によって決めることができます。これを「契約自由の原則」と言います。具体的には次の4つの自由をさします。

①契約をする自由、契約しない自由……契約の締結は当事者の自由意思によるものです

②契約の相手を選ぶ自由……契約の相手は当事者が自由に決めることができます

③契約の内容を決定する自由……契約の内容は当事者の交渉のみで決まります

④契約の方式の自由……契約は当事者の意思の合致のみで成立し、形式は問われません

ただし、どんな内容の契約でも結べるわけではありません。たとえば、借地借家法の規定を無視して、大家が住民をいつでも即刻立ち退きさせることができる内容の契約を結ぶことは消費者保護の観点から無効です。また、訪問販売のように契約の方式の自由（口頭でも成立）にもかかわらず、売り主に契約書の交付を義務づけている場合もあります。

さらに、民法90条は賭博や不倫などいわゆる「公序良俗（社会の一般的秩序または一般

契約自由の原則

① 契約をする自由、契約をしない自由

② 契約の相手を選ぶ自由

③ 契約の内容を決定する自由

④ 契約の方式の自由

的道徳観念）に違反する」契約については無効だと規定しています。

前者の例だと、賭博に使う目的だと知っていて相手にお金を貸す契約を交わした場合、仮に相手がお金を返さなくても、契約自体が無効となりますので、訴えを起こしても裁判所は貸主に力を貸してはくれません。また、後者の例だと、妻のいる男性の愛人になり月々お金を受け取る契約をした場合も、その契約自体が無効ですので、男性にお金を請求することはできません。

このほか、公序良俗違反で無効になる契約の例としては、報酬と引き換えに犯罪行為を行わせる契約、いわゆる援助交際や人身売買に関する契約などがあります。

4 任意規定と強行規定

契約自由の原則により、契約の当事者は原則として、どんな内容の契約でも結べる自由を持っています。そして、当事者間でトラブルが起こった際は、その契約が解決の基準となります。

しかし、実際には当事者が契約を結ぶにあたり、将来起こり得るあらゆる事態を想定して、契約の内容を決めていることは決して多くはありません。

では、契約を交わした後、その時点では想定していなかったようなトラブルが発生し、契約上に解決の基準がない場合は、どうすればいいのでしょうか。

このような場合は、民法などの法律の規定がその基準となります。つまり、法律が契約のカバーしていない部分の補充を行うわけです。このような法律の規定を「任意規定（任意法規）」といいます。したがって、任意規定は、当時者が契約で別の内容の合意をしている場合は適用されません。

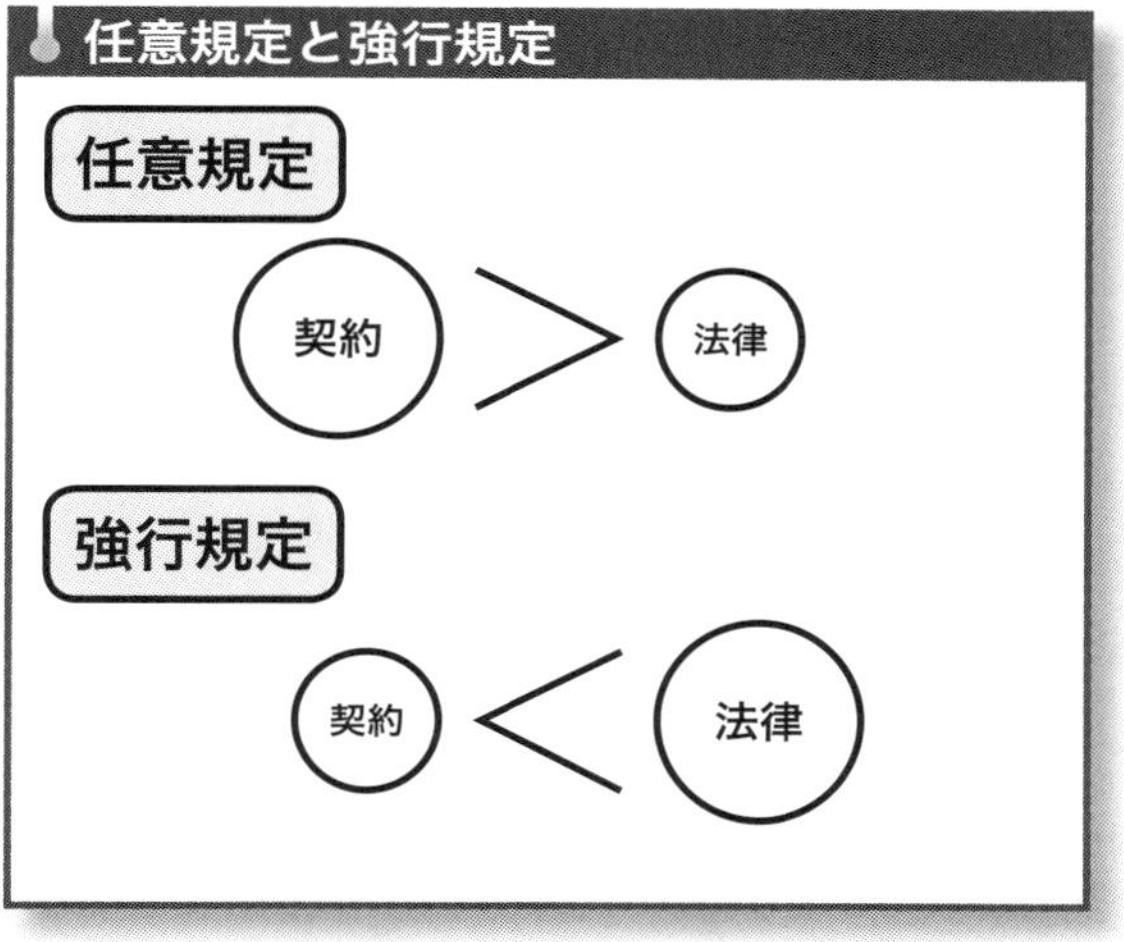

一方、任意規定と反対のものに「強行規定（強行法規）」というものがあります。当事者が契約でこの強行規定と異なる合意をしている場合、その合意内容は無効となり、裁判所は強行規定を適用して裁判をしなければなりません。

具体的な例としては、金銭消費貸借契約を結んでいる際、利息制限法に定める一定の利率以上の利息をとる契約を結んでいる場合、それは無効とみなされ、利息制限法の利息が適用されます。

その他にも、借地や借家の契約についても、借地借家法で借主の立場を保護する法律が定められており、同様に強行法規としての扱いになります。

5 契約の成立

売買契約は当事者の一方の「申込」の意思と相手方の「承諾」の意思の合致があって成立します。たとえば、家電量販店でお客があるパソコンを指差して、「これをください」と言えば、これが申込となり、店員が「かしこまりました」と答えれば、それが承諾となります。契約は契約書を交わさずに口頭で行っても法的に成立します。契約書は契約が成立したことの証拠にすぎません。

前述のような口頭での契約以外に、私たちは自動販売機でものを買ったり、手紙や電話、ファックス、あるいはインターネットなどの通信販売でものを買うことが多くなっています。これらのケースでは何が申込で何が承諾に該当するのか諸説ありますが、正式に契約が成立していることとして扱われます。

では、北陸地方の酒造にハガキで限定生産の日本酒の購入を申し込んだとします。大雪でそのハガキの到着が酒造に届かなかった場合、申込はどうなるでしょうか。また、届い

契約の成立

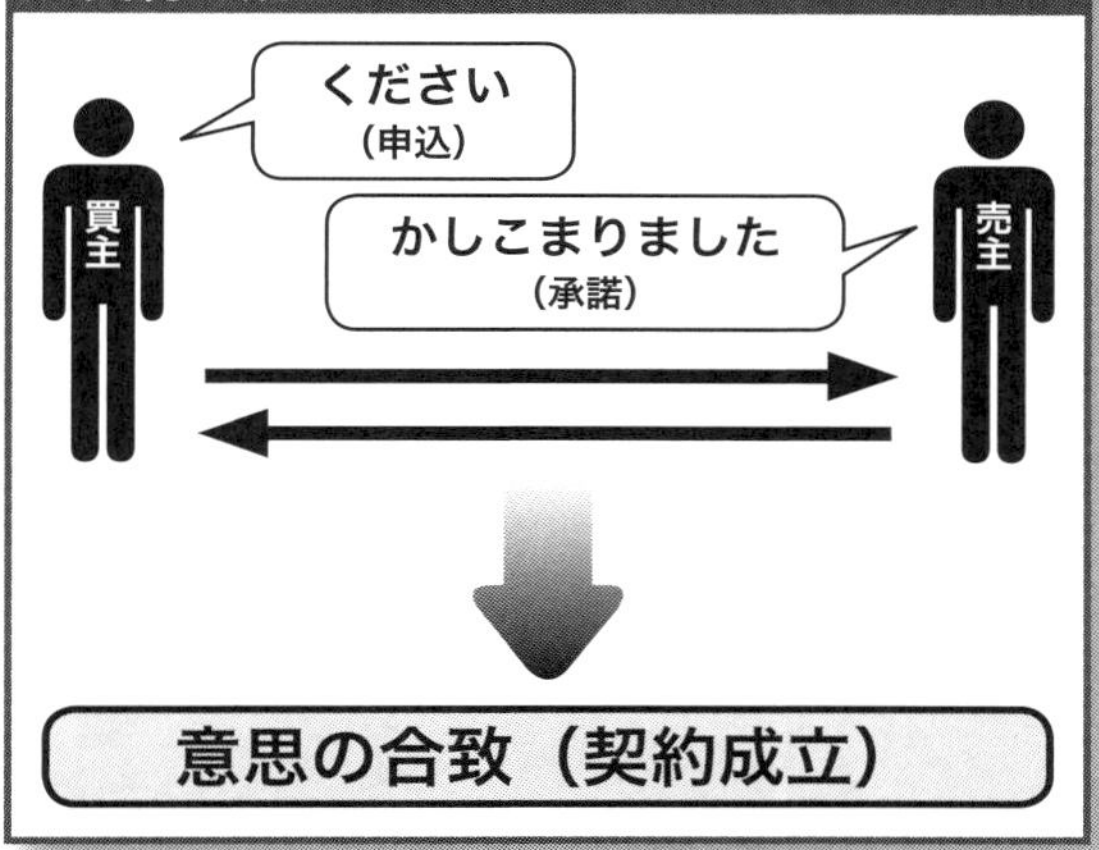

た申込に対する酒造からの承諾が申込者に届かなかった場合はどうなるでしょうか。

　このようないわゆる「隔地者間の意思表示」については民法に特別の規定があります。すなわち、申込の意思表示は相手に到達しなければ効力がない**到達主義**がとられ、承諾の意思表示は相手に発信しただけで効力を持つ**発信主義**がとられています。したがって、前記のケースでは、申込者のハガキが酒造に届かなければ申込をしたことになりません。また、酒造からの承諾が申込者に届かなかったとしても契約は成立することになります。

　ただし、インターネット上の取引については特別な法律により、承諾についても到達主義が採用されています。（次項で説明）

6 インターネットにおける契約の成立

１９９０年代後半から本格的に普及を始めたインターネットは、今ではビジネスの世界では不可欠なツールとして定着しています。企業や個人がｅメールを使ってモノやサービスの注文を行ったり、インターネット上にオンラインショップを開いてモノを売買するのも当たり前になっています。

では、前項で説明した契約についての考え方はインターネット上ではどのような扱いになっているのでしょうか。

インターネット上の電子商取引（ｅコマース）であっても、契約が申込と承諾の意思表示の合致により成立することには変わりありません。

具体的には販売業者のホームページを見た消費者や企業が注文のメールを送ればそれが申込となり、それを受けて販売業者が受注した旨の返信メールを送ればそれが承諾となり、契約が成立したことになります。

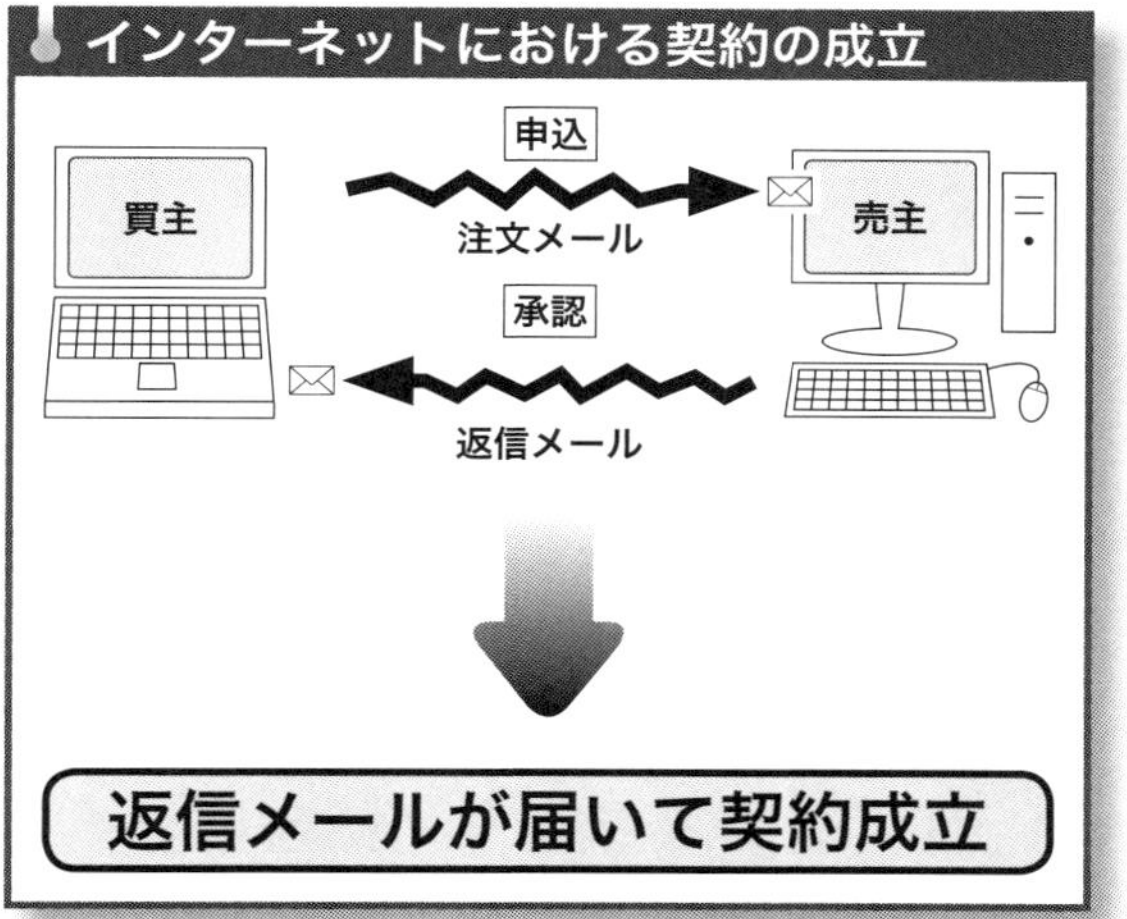

インターネットにおける契約の成立

ただし、23ページの「隔地者間の意思表示」の場合、承諾の意思表示は発信しただけで効力を持つ発信主義がとられていますが、電子商取引の場合は情報のやりとりが瞬時に行われることから、電子消費者契約法で特別に、承諾の意思表示においても到達主義（メールが相手に届いたときに契約成立）がとられることになりました。

同様に、電子商取引法では消費者保護の観点から、コンピュータの操作ミスで注文者が誤った注文をした場合にはそれを過失とはみなさないとしています。そのため、多くのオンラインショップ事業者はホームページ上で注文ボタンをクリックする前に注文内容を確認、訂正できる画面を設けています。

7 契約の無効・取り消し

契約が当事者同士の「意思の合致」で成立することは前述のとおりですが、以下のような要件に当てはまった場合、その契約は無効か取り消しになります。

①心裡留保

自分の本心ではないことを知りながら意思表示することを言います。たとえば、友人に自分のクルマを「1万円で売ります」と言った場合、友人がそれを冗談とわかっている場合はその契約は無効となります。

②虚偽表示

契約の相手方と共謀して見せ掛けの意思表示を行うことを言います。たとえば、債権者の差し押さえを免れるために、土地を相手方に売ったことにして、名義も相手方に移してしまうような行為が該当します。契約は無効となりますが、たとえば第三者が虚偽表示と知らなかった場合は有効となります。

その他、契約が無効・取消しとなるケース

① 実現不可能なことを目的とする契約
(月の土地を取引したり、「１億円くれたら総理大臣にしてあげる」と請け負うなど、理屈上は実現可能でも社会通念上、現実には実現が難しい契約)

② 内容が不明確な契約
(「東京大学に受かったら何かいいものを買ってあげよう」のように目的物が不明確な契約)

③ 強行規定に反する契約（P．20参照）

④ 公序良俗に反する契約（P．18参照）

⑤ 制限行為能力者、無権代理による契約（P．28、P．34参照）

③錯誤

いわゆる誤解・勘違いによる意思表示で、その意思表示を行うにあたり、重大な過失がなければ、その意思表示の無効を主張できます。たとえば、１００万円の指輪を買ったつもりが誤って１０００万円の指輪を注文してしまったような場合です。

④詐欺・強迫

相手方の詐欺または強迫によってなされた意思表示は取り消すことができます。詐欺はその事実を知らない第三者には取消しを主張できませんが、強迫の場合はその事実を知らない第三者に対して取消しを主張することができます。

8 契約の当事者資格① 制限行為能力者

民法では以下に該当する者は「制限行為能力者」として、契約などを単独で締結することができず、法定代理人の同意がなければ、契約を取り消すことができるとしています。

①未成年者

満20歳未満の者を言います。未成年者が契約などの法律行為を行うときは、原則として法定代理人の同意が必要となります。法定代理人は親権者がなり、通常は両親ですが、離婚している場合はどちらか一方が決められます。親権者がいない場合は未成年後見人が法定代理人になります。ただし、未成年者でもすでに結婚している場合は成年として扱われますので、法定代理人の同意は必要ありません。

②成年被後見人

精神の障害などによって、物事を認識・判断する能力（事理弁識能力）が常に欠如し、家庭裁判所の審判を受けた者を言います。家庭裁判所が職権で選任した法定代理人である

制限行為能力者

	法定代理人	要件
未成年者	親権者 未成年後見人	満20歳未満の者
成年被後見人	成年後見人	事理弁識能力が常欠
被保佐人	保佐人	事理弁識能力を著しく欠く
被補助人	補助人	事理弁識能力が不十分

成年後見人の同意がなければ、日用品の購入その他日常生活に関する行為を除いて、契約などの法律行為はできません。

③被保佐人

事理弁識能力を著しく欠き、家庭裁判所の審判を受けた者を言います。借金や重要な財産の処分などの一定の重要な行為には法定代理人である保佐人の同意が必要となります。

④被補助人

事理弁識能力が不十分で、申立てと本人の同意を条件として裁判所の審判を受けた者を言います。法定代理人である補助人には、当事者の選択した特定の法律行為について、被補助人の申立てまたは同意を要件に、代理権または同意権が付与されます。

9 契約の当事者資格② 法人

法人とは会社や財団法人など一定の組織を有する団体に、自然人（個人）と同様、権利義務の主体としての地位、すなわち法人格を認めたものです。

法人格が発生する条件は法人の種類ごとに決まっています。会社であれば法人登記が済んだ時点で発生しますし、財団法人やＮＰＯ法人（特定非営利活動法人）などの公益法人は所轄官庁の許可や認証があった際に発生します。

法人はすべてその代表者を通じて意思表示や契約の締結を行います。そして、代表者が法人の目的の範囲内で行為を行えば、その行為の効果はすべて代表者個人にではなく、法人に帰属することになります。

したがって、法人と契約するにはその代表者と契約する必要があります。契約の当事者が法人の代表でない場合は、原則として法人に効果は及ばず、契約は無効ということになります。代表者かどうかは法務局にある商業登記簿で確認することができます。

法人との契約はすべてその代表者を通じて行われます

法人の代表者とは、登記簿で次のような地位にある者を言います。

①株式会社……代表取締役
②特例有限会社……代表取締役（代表取締役のいない場合は取締役）
③合名会社……代表社員または業務執行社員
④合資会社……代表社員または無限責任社員
⑤合同会社……代表社員
⑥公益法人……理事

ただし、代表者ではない部長や課長、支店長、営業所長でも、その職務権限の範囲内で代理権（次項で説明）を与えられていれば、契約を締結することができます。

10

契約の当事者資格③　代理人制度

外車を購入したいが、自分には自動車の専門知識がないため、代わりに自分より知識の豊富な人に購入してもらいたいというようなケースがあったとします。

このようなとき、他人が本人に代わって意思表示を行い、その効果だけを本人に帰属させる、いわゆる「代理人」制度が認められています。個人だけでなく、企業の取引の世界でも、たとえば損害保険の代理店などでこの制度が使われています。

代理人が本人に代わって契約を結んだ場合、その契約に基づく権利と義務は代理人ではなく、本人に帰属します。本人の意思表示がなくても契約の効果はすべて本人に及ぶのですから、代理人による契約が有効となるためには、次のような要件が必要です。

①本人が代理権を代理人に与えていること

②代理人が本人に代わって意思表示すること

また、代理には①**任意代理**と②**法定代理**の2つがあります。

代理人制度

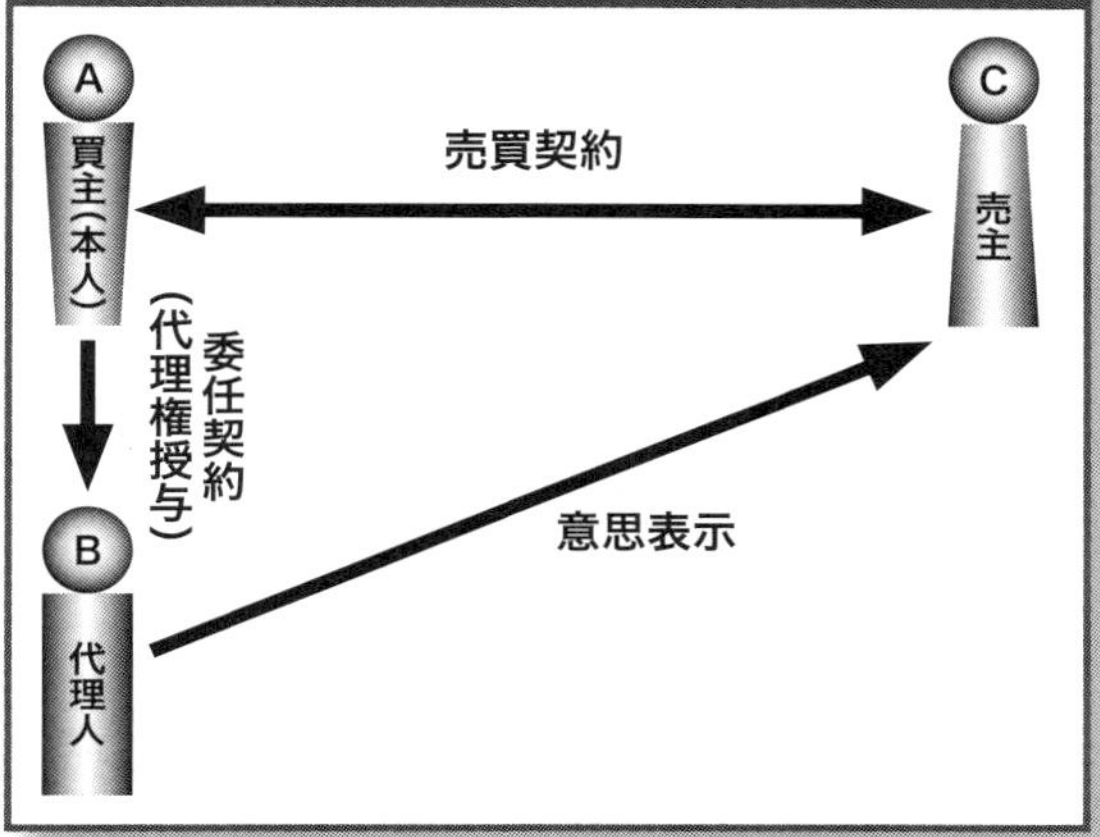

前者は本人から委任状を交付してもらう形で委任を受けてなる場合で契約の際の代理人などのことを言います。スポーツ選手の契約更新時によく耳にするエージェントもこの任意代理です。

後者は本人からの委任の有無にかかわらず、法律上の定めにより代理人が決まる制度です。前述した未成年者や成年被後見人などの制限行為能力者のケースにおける法定代理人がこれに該当します。

任意代理において、代理人が本人から代理権を与えられていることを契約の相手方に証明するためには、本人から「委任状」を発行してもらい、それを提示し、さらに本人の印鑑証明書を添付することが原則です。

11 契約の当事者資格④　無権代理と表見代理

本人から委任を受けていないにも関わらず、代理人が勝手に契約を結んでしまった場合でも、本人に直接効果は及ぶのでしょうか。

このような場合は無権代理と言って、契約は無効となり、効果は本人にはもちろん代理人にも及びません（本人が追認すれば有効）。無権代理には次のようなケースがあります。

①本人が実際には代理権を与えていないのに代理権を与えられたと言った場合

②ある行為について代理権を持つ代理人がその代理権の範囲を越えて契約した場合

③代理権を持つ者が代理権の消滅後に契約した場合

しかし、たとえば、これまでずっとＡさんの代理人であるＢさんと販売契約を交わしてきたＣさんが、実はＢさんが最近Ａさんから代理人を解任されたことを知らないまま、Ｂさんと契約をしてしまったとします。このような場合、ＡさんとＣさんの契約は無効になり、Ｃさんは泣き寝入りするしかないのでしょうか。

代理人との契約においては、委任状の提示を求めるなどして、その代理人が無権代理でないかどうか確認してから行いましょう

前記のようなケースでは、Ｃさんを保護するために、表見代理という制度があります。すなわち、実際には代理権がなくても代理権があると信じてもやむをえないような事情がある場合は、有効な代理権があるものとして、契約を有効にするというわけです。

ただし、実際に表見代理が認められるためには立証が難しいものです。契約ごとに相手に本当に代理権があるのかどうかを確認することが重要だと言えます。

なお、社長や副社長といった肩書を持つ人と契約を結んだ場合は、仮にその人が実際には代表権を持っていない取締役（表見代表取締役）であったとしても、会社の代表者とみなされて契約は有効となります。

12 手付金・内金

売買契約の締結の際に、手付金や内金が買い主から売り主に支払われることがあります。両者は一見よく似ていますが、法律的な効果は異なりますので、注意しましょう。

①手付金

手付金はその性質によって次の３種類に分けることができます。

・証約手付……契約の成立を証明するものとして授受されるもの
・解約手付……手付金を放棄または倍返しすることで契約解除を可能とするもの
・違約手付……契約違反があった場合の保証金として、違反の際は没収されるもの

契約の当事者間でどの手付か特定されなかった場合、通常は解約手付と推定されることになります。解約手付の場合、相手方が契約の履行に着手するまでの間は、買い主は手付金を放棄することで、売り主は手付金の倍額を売り主に支払うことで、契約を解除することができます。しかし、相手方が契約の履行に着手した場合、解除権を行使することはで

手付金の種類と性質

証約手付	契約成立の証しとして授受されるもの
解約手付	契約の解除権を留保するためのもの→放棄（買い主）または倍返し（売り主）によって契約を解除できる
違約手付	契約違反があったときのための保証金→違約があったときは没収されてしまう

- 当事者が特にどの手付と決めなかったときは「解約手付」（民法）と推定される
- 売り主が宅建業者であるときはすべて「解約手付」（宅地建物取引業法）として扱われる

きなくなります。この場合、手付金は売買代金の一部として充当されます。

なお、手付金が不動産の売買で使われる場合、宅地建物取引業法によって、手付金の額は代金総額の2割以下に制限され、またすべて解約手付として扱われます。

②内金

代金の一部の前払いという意味では手付金と同じですが、解約手付と異なって、契約を解除する効力はありません。手付金か内金かの見極めはそれを授受した際の当事者間の認識によりますので、解除権の有無を含めてきちんと決めておきましょう。なお、買い主が手付金以外に内金を支払った場合は履行の着手となり、契約の解除は不可能になります。

13 契約の違反

契約を締結した当事者はおたがいにそれに拘束されます。そして、当時者の一方が契約に違反した場合、相手方は法律上次のような請求を行うことができます。

①履行請求

たとえば代金を払ったにも関わらず、相手が商品を引き渡さない場合、裁判所に訴えて、商品を引き渡せとの判決を得れば、執行手続きにより、引渡しさせることができます。

②損害賠償

相手方の契約違反によって損害が発生した場合、履行の請求とともに、その損害の賠償も請求できます。

③契約の解除

相手方に契約違反があった場合、最初から契約がなかったように無効にできます。この場合、すでに契約に従って行われたことについては、**原状回復義務**といって、契約前の状

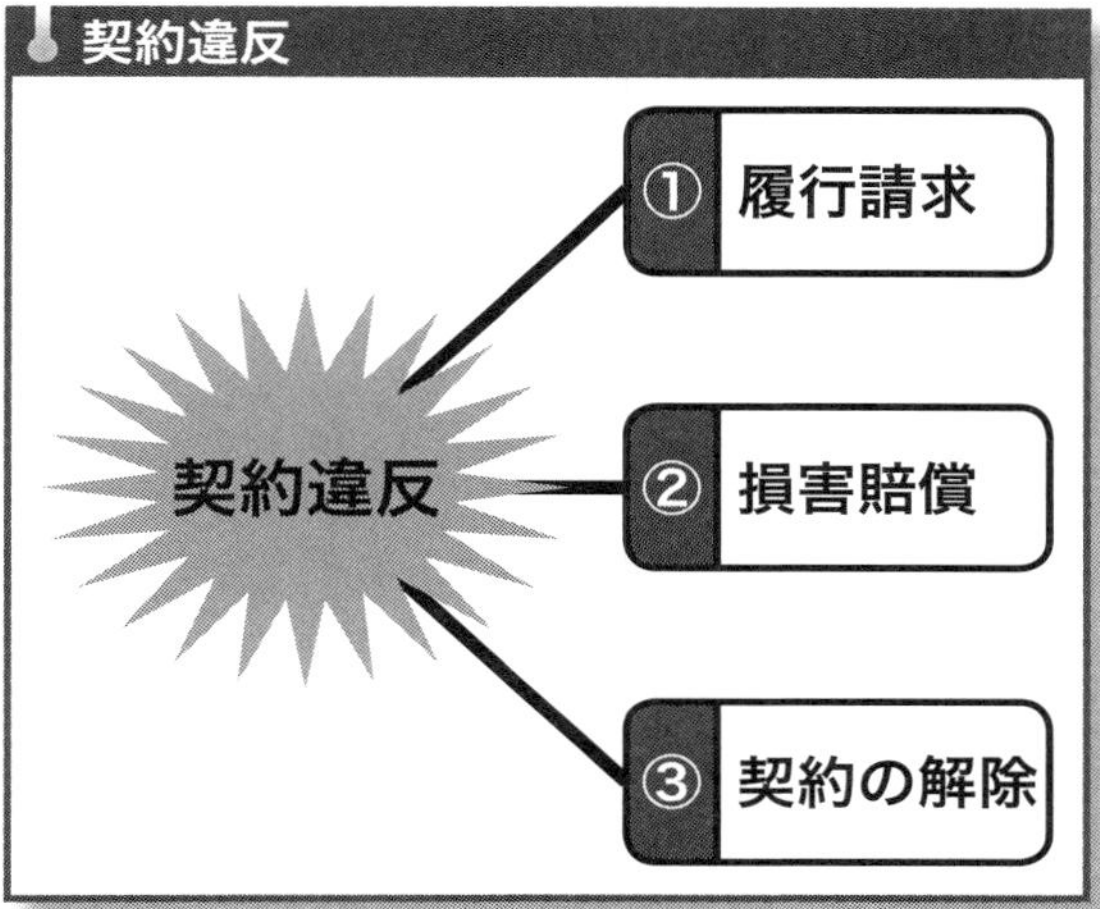

態に戻さなくてはなりません。したがって、代金や品物を先にもらっていれば、それらは返還する必要があります。しかし相手の損害賠償責任は残ります。

契約において、解除に関する別段の特約がない場合は、相手にもう一度履行のチャンスを与え（催告）、「相当の期間」を過ぎても相手が履行しなければ、契約を解除できます。この場合、相手には契約解除の通知のみをすればいいとされています。

また、契約書をつくるときに、予め契約違反の際には催告なしに契約を解除する旨の特約を結ぶこともよくあります。これを「無催告解除の特約」と言います（49ページ参照）。

第2章

契約書・その他のビジネス文書のつくり方

1 契約書①　契約書のスタイル

「契約自由の原則」（18ページ）により、契約書には決まった書式はありません。しかし、慣習的に以下のような標準的なスタイルが存在し、一般的に活用されています。

①標題

契約書の一番先頭につけられるタイトルです。「金銭消費貸借契約書」とか「販売代理店契約書」などと内容がわかるようにしたり、単に「覚書」などとすることも可能です。

②前文

なくても契約の効力には影響がありませんが、契約が誰と誰の間に交わされるものかを前文で明確にした方が、後のトラブルを避ける意味でベターです。

③本文

基本的な事項から順序を追って記載していきます。契約事項が多く、条文の数が多いときは、必要に応じて、共通の条文ごとにグループ化して、章や節などにまとめます。また、

標準型契約書の例

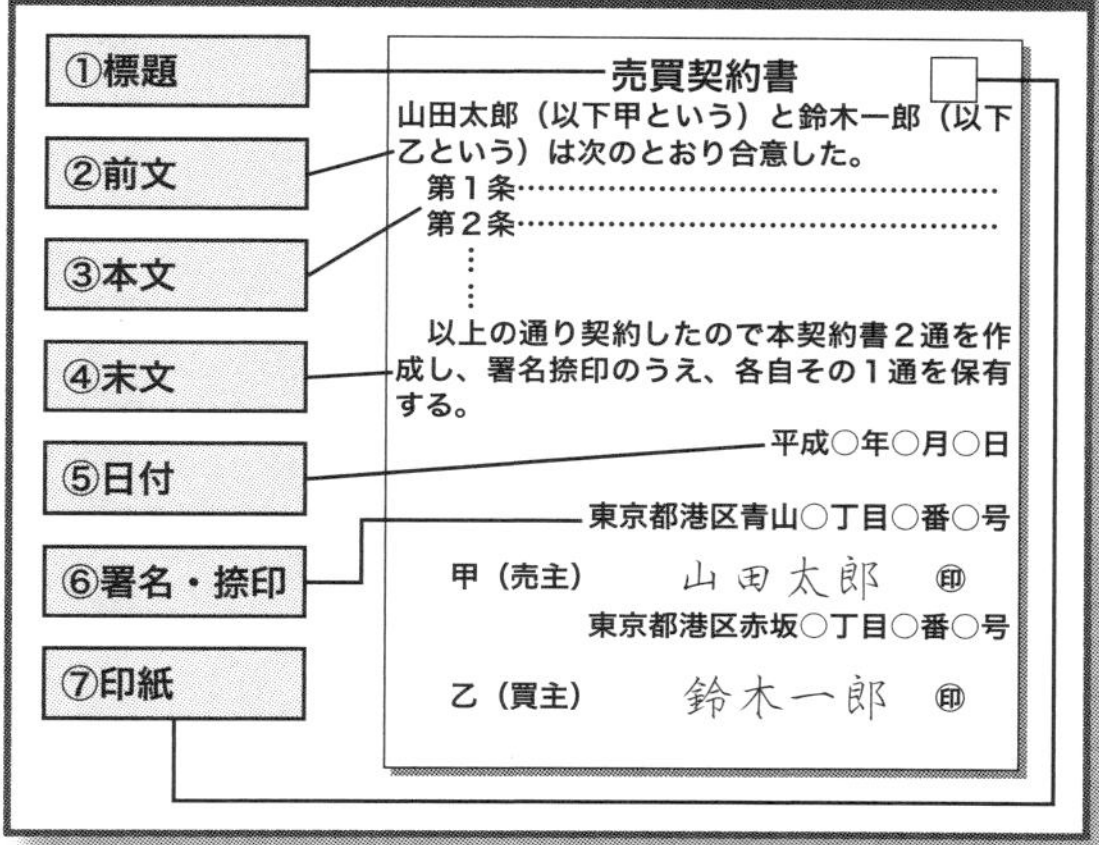
①標題
②前文
③本文
④末文
⑤日付
⑥署名・捺印
⑦印紙
売買契約書
山田太郎（以下甲という）と鈴木一郎（以下乙という）は次のとおり合意した。
第１条……………………………………………
第２条……………………………………………
以上の通り契約したので本契約書２通を作成し、署名捺印のうえ、各自その１通を保有する。
平成○年○月○日
東京都港区青山○丁目○番○号
甲（売主）　山田太郎　㊞
東京都港区赤坂○丁目○番○号
乙（買主）　鈴木一郎　㊞

条の単位を細分化して、項や号をつける場合もあります。

④末文

標準型契約書には、上の図の例文のような末文をつけることが多いようです。

⑤日付

一般にこの日が法律の適用などの基準日となるので必ず記載します。契約日と契約書作成日が異なる場合は、当事者同士の合意により、日付を一致させることができます。

⑥署名・捺印欄

当事者の氏名のほか、住所も記載しておきます（署名・捺印や印紙については後述）。

⑦印紙

契約の金額・内容により貼付が必要です。

2 契約書②　契約書に必ず盛り込むべき事項

契約書に記載しなければならないのは、まずその契約が誰と誰の間で交わされたもので、どのような内容の契約なのかを明確にするための事項です。

主な事項としては、①契約の種類（例　売買なのか、請負なのか、賃貸借なのか）、②当事者（誰と誰の間で結ばれた契約なのか）、③契約の目的物（例　売買する商品、請け負う仕事の内容、貸借する物件）、④期日・期間・条件（例　売買商品の引渡日、代金支払期日、請負業務の完成期日、賃貸借期間、解約の条件）、⑤対価およびその支払方法（例　対価の額、持参、振込、手形、取立）、⑥契約成立年月日、などがありますが、その他契約の内容によって増えてきます。これらは後日トラブルになった場合に備えて、「何を書いておくべきか」という観点からなるべく具体的に規定しておいたほうがよいでしょう。

意外と見落とされがちなのが、⑤の対価に税金や商品の送料、その他の諸費用が含まれているかどうかです。取引金額が大きければこれらの費用もばかにはならない額になりま

契約書で明確にすべきこと

契約の種類	例：売買契約なのか、請負契約なのか、賃貸借契約なのか
当事者	例：誰と誰の間で結ばれた契約なのか
契約の目的物	例：売買する商品、請け負う仕事の内容、貸借物件
期日・期間・条件	例：商品の引渡期日、代金の支払期日、請負業務の完成期日、賃貸借期間、解約の条件
対価および支払方法	例：対価の額、支払方法（持参、振込、取立など）
契約成立年月日	例：いつ契約が成立したか

すので、予め契約書に明記しておくことが重要です。

また、④契約の履行期日についても、たとえば売買契約であれば、売り主の商品引渡日および買い主の代金支払期日の両方について、それぞれいつまでに行うのかを契約書に必ず書いておきましょう。なぜなら、これらについて契約で特段の定めがなかった場合、民法上の一般規定が適用されてしまうからです。たとえば、代金支払の期日の定めがなかった場合、売り主が請求してきたら買い主はいつでもそれに応じて代金を支払わなくてはならなくなります。これは買い主にとって非常に不利な条件ですので、当事者双方で契約の際にきちんと決めておきましょう。

3

契約書③　契約書に盛り込んだほうが望ましい事項その1

契約の内容に応じて、以下のような事項を契約書できちんと定めておきましょう。

①履行場所および履行方法

民法の規定では「持参債務」と言って、契約で特に定めがなければ、債務者は債権者の住所地に行って債務（例　代金の支払、商品の納品）を履行しなければなりません。しかし、これでは不都合が多いので、契約で決めておくことが大切になります。

②所有権の移転時期と危険負担

民法の規定では、売買契約の場合は契約の成立と同時に目的物の所有権は売り主から買い主に移転します。しかし、これでは代金の支払がなされなくても目的物が買い主のものになってしまい、買い主がそれをさらに第三者に転売しても売り主は異議をとなえられないなど、売り主には極めて不利になります。したがって、所有権の移転時期については、代金の支払後とか、目的物の引渡しと同時にするなどと契約で決めておくべきです。

所有権移転時期の決め方の例

① **契約の成立と同時（※民法の一般規定）**
代金の支払がなされてなくても買い主のもの→買い主に有利

② **代金の支払後**
代金の支払がなされるまでは売り主のもの→売り主に有利

③ **登記の移転と同時（※不動産の場合のみ）**

④ **引渡しと同時**

また、危険負担とは、契約締結後に売買契約の目的物が天災や事故で損傷してしまった場合に、売り主と買い主のどちらが責任を負うのかを予め決めておくことです。つまり、危険負担が売り主にあれば売り主は目的物を修理してから引き渡す義務がありますが、買い主にあれば売り主は目的物を修理せずにそのまま引き渡せばよいことになります。この危険負担について、民法の規定では、特定物（この世に一つしかないもの）については契約締結前は売り主に、契約締結後は買い主にあると一般には解釈されています。逆に代替品がある不特定物については引渡しまでは売り主が負担することになっています。いずれにせよ契約できちんと定めておきましょう。

4

契約書④　契約書に盛り込んだほうが望ましい事項その2

③瑕疵《かし》担保責任

瑕疵担保責任とは、契約の目的物に瑕疵（欠陥など）がもともとあったときに、その瑕疵を誰が負担するのかという問題です。基本的に売り主は買い主に瑕疵のないものを売る義務がありますので売り主側の責任となりますが、目的物に瑕疵があった場合に誰がどこまで責任を持つか、瑕疵の範囲、期限などについて契約できちんと決めておきましょう。

④期限の利益の喪失条項

期限の利益とは、債務者が「いつまでに契約を履行しなければならないか」、逆に言えば「いつまでは契約を履行する必要がないのか」という権利です。通常は契約で決められた期日までが期限の利益ということになりますが、これでは契約後に債務者が経済的に困窮して期日までに履行が難しい状況になっても、債権者は何も行動することができません。このような事態に備えて、契約に「期限の利益喪失条項」を特約で盛り込んでおけば、債

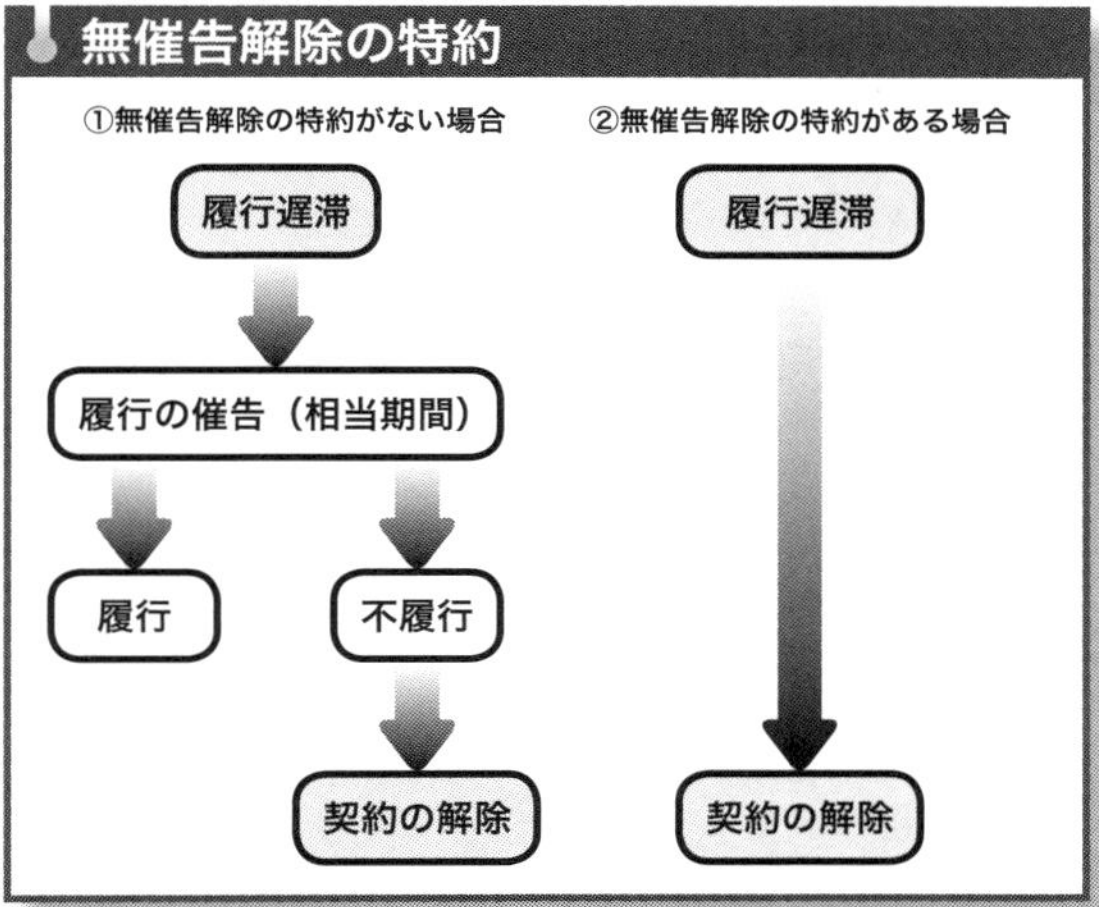

務者の経済事情が悪化した場合はただちに期限の利益が喪失し、債権者は契約の期日前に請求することができるようになります（116ページ参照）。

⑤無催告解除の特約

民法の一般規定では、債務者が債務を履行しない場合、ただちに契約を解除することは認められず、「相当の期間」を定めて催告（督促）を行わなければならないとしています。そこで「債務者が履行を遅滞した場合は債権者は催告なしに契約を解除することができる」という無催告解除の特約を予め契約に盛り込んでおけば、この制約から逃れることができて、この間に債務者が破綻するなどの不都合な事態を回避することができます。

5 契約書⑤　契約書に盛り込んだほうが望ましい事項その3

⑥債権譲渡禁止特約

民法の規定では、債権者は自らの債権を債務者の承諾なしに第三者に譲渡することができます。しかし、債務者にとっては好ましくない人物や会社に債権が譲渡されるような事態に備え、予め契約で債権譲渡を禁じる特約を結ぶことができます。

⑦裁判管轄地条項

契約事項についてトラブルが発生し、裁判になった場合、原則として被告の所在地か、債務を履行することになっていた場所などで訴えを提起することになります。しかし、予め契約で特約を設けておけば、当事者の合意で裁判管轄地を決めておくことができます。

⑧不可抗力条項

天災や戦争、クーデター、ストライキなどの不測の事態が原因で債務の履行ができなくなった場合に、債務者が免責されて損害賠償責任を負わずに済むようにしておく条項です。

強制執行認諾条項の有無による法律的効果

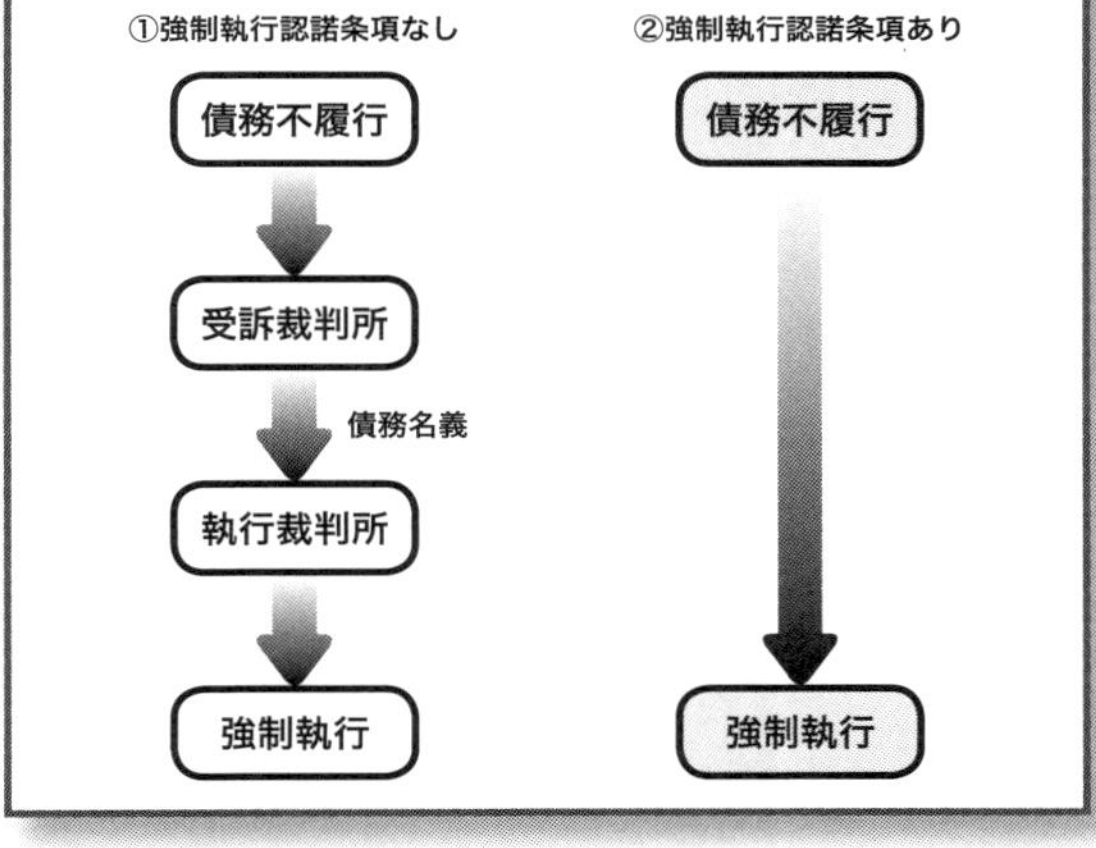

契約書にはなるべく具体的なケースを想定して記載したほうがよいでしょう。

⑨機密保持条項

自社の技術情報や営業ノウハウの使用を他の会社に許諾する契約を結ぶ場合には不可欠な条項です。相手方に対してこれらの情報を外部に漏らさないように義務を課し、漏洩があった場合は損害賠償を請求する旨を定めておくことが重要です。外部との契約だけでなく、自社の社員との労働契約にも盛り込むことができます。

⑩強制執行認諾条項

この条項が入った契約書を予め公正証書で作成しておけば、債務不履行が起こっても裁判を経ずに強制執行をかけることができます。

6 契約書⑥　覚書・念書

覚書と念書は契約書という名前はついていませんが、いずれも契約の内容を反映している文書であり、契約書と同等のものとして扱われます。

①覚書

契約の当事者間における簡単な合意を書面にしたものです。契約書と同様、当事者双方が署名や捺印を行います。単独で簡易契約書としての役割を果たす場合もあれば、正式な契約書作成前の合意事項の確認、あるいは契約書を交わした後で、その内容を修正したり、細部を補完する場合にも用いられます。

②念書

契約の当事者の一方が相手方に対して差し入れる誓約書的なものです。覚書と同様、契約書を補完する場合に作成され、多くは念書を差し入れる側が義務を負ったり、一定の事実を認める内容になっています。

覚書と念書の例

覚書

売主○○○○、買主△△△△は、下記物権についての平成○年○月○日付土地売買契約（以下「本契約」という）に関し、以下の通り合意した。

① 売主・買主は、別紙地積測量図の通り、下記物権の地積が○○平方メートルであることを確認する。
② 売買代金額は、本契約で定めた通りの１平方メートル当たり単価金○○円を前条の地積に乗じ、前条の地積に乗じ、総額○○円とする。
③ 売主は所有権移転登記の時までに、下記物権の公簿面積を実測面積に合致させるため、地積訂正の手続を完了する。

以上の合意を証すため、本覚書を２通作成し、売主・買主記名捺印のうえ、各１通を保有する

平成○年○月○日

売主　住所

○○　○○　㊞

買主　住所

△△　△△　㊞

物権の表示（略）

念書

株式会社○○（以下「甲」という）が貴社との間の平成○年○月○日付け売買契約に基づき買い受けた商品××についての平成△年△月△日現在の甲の貴社に対する買掛金債務○○円に付きましては、○○○○は甲と連帯して保証します。

以上、後日のため本念書を差し入れます。

平成×年×月×日

連帯保証人　住所

○○　○○　㊞

□□株式会社　御中

7 契約書⑦　契約書に代わるもの

ビジネス上の取引では必ず契約書を交わすことが望ましいといっても、実際には正式に契約書を交わす前に、取引が始まってしまうことがよくあります。そのような場合は、次に挙げるものを契約書に代わるものとして扱うことができます。

①合意メモ

取引の条件（売買代金、引渡し時期、代金の支払方法・支払時期など）を記載したメモを作成して、相手にサインしてもらえれば、契約内容を証明する証拠として通用します。

②発注書（注文書）

商品売買や委託加工契約などでは、契約書を作成しないで、注文書だけで済ますことが一般的です。注文書は契約の申込を証明する文書にすぎず、そのままでは契約書の代わりにはなりえませんが、この注文書について相手方からの承諾を示す注文請書があれば、両者を合わせて契約の成立を証明する文書となります。

発注書の例

発注書

発注日：○年○月○日　No. ○○○○○

○○電子株式会社　御中

株式会社△△商事
〒 xxx-xxxx
○○県○○市△△ 1-2-3

No.	注文番号	品番	品名	数量	単価	金額	納期	備考

上記のとおり注文いたします。
折返し出荷予定をご連絡ください。

小計	
合計	

③領収書・納品書など

領収書や納品書は金銭や物品の授受、あるいは債務の弁済があったことを示す書類です。これらの書類で、前記の行為の発生原因となる契約関係の存在が証明されると言えます。

④信書

信書とは、特定の相手に対する意思伝達の文書です。一方が申し込みにあたる内容を送り、これに対して相手が承諾の返事をすれば、この2通の信書が契約書と同様の役割を果たすことになります。したがって、取引の相手方から来た手紙やファックス、eメールがたとえ挨拶状であっても、取引に関することが書いてあれば必ず保存しておきましょう。

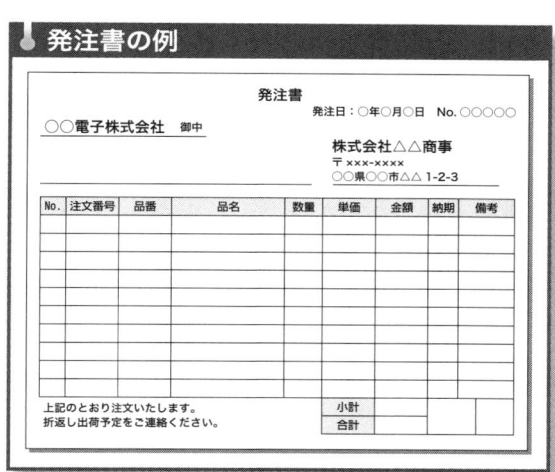

8 領収書

　ビジネス文書の中で恐らく誰にとっても馴染み深いものが領収書でしょう。

　領収書は代金を支払ったときに、代金を受け取った側が発行し、代金の支払があったことを証明するものです。

　領収書は市販の領収書用紙を用いたもの以外に、コンビニやデパートなどで渡されるレシートのほか、名刺の裏やメモ紙などに「△△殿　○年○月○日　金□□円受領しました」という一文と受領者のサインや捺印が入っていれば、領収書として扱われます。

　民法４８６条は、代金を支払う人は代金を受け取る人に対して領収書（法律では受取証書）の交付を請求できると定めています。すなわち、代金を支払う際に領収書の発行を求めて拒否された場合は、代金の支払を拒否することができるのです。

　これは代金を支払ったかどうかが争われた場合に、代金を支払った人を二重に支払を請求される危険から守るためです。領収書をもらっておけば証明は簡単ですが、もらってい

領収書の例

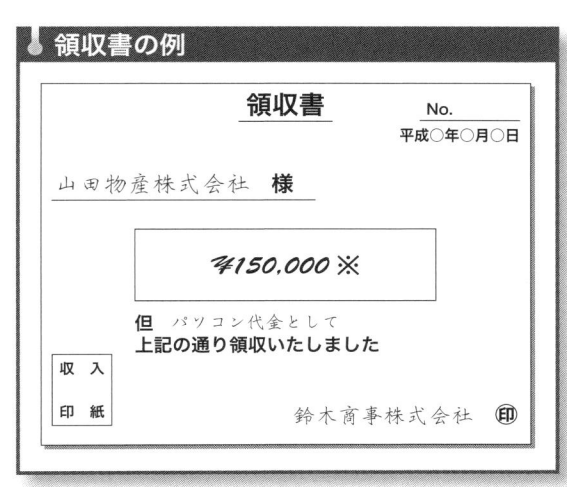

領収書　　　　No.

平成○年○月○日

山田物産株式会社　**様**

¥150,000※

但　パソコン代金として

上記の通り領収いたしました

収　入
印　紙

鈴木商事株式会社　㊞

ない場合、支払済みであることの証明は非常に難しくなります。

そのほか、領収書は企業内部の経理処理においても必要であり、税務署の調査を受けた場合には、仕入やその他の経費の支払があったことの証拠となります。

このように領収書は極めて大事なビジネス文書なので、代金を支払う場合には必ず受け取り、逆に受領する場合には必ず発行するようにしましょう。

また、万が一もらった領収書を紛失してしまった場合、発行者に再発行をお願いすることになりますが、相手方には領収書の再発行義務はないので、保管にはくれぐれも注意しましょう。

9　ビジネス文書の作成と保存①　署名と記名捺印

ビジネス文書において、それが誰によって作成されたかということは非常に重要です。

個人であれば、文書の末尾に自分の氏名を手書きでサインします。これを「署名」と言います。しかし、企業が発行する文書の場合、企業自身がサインすることは不可能ですから、企業名とともにその代表者が役職名（例　代表取締役）を付して署名するか、ワープロやゴム印などで代表者の氏名を記載（記名）した上でさらに氏名の下にその人の印を押す方法（記名捺印）がとられます。

署名と記名捺印のいずれの方法も、その文書が署名者や記名者の意思に基づいて作成されていることを意味しており、両者に法律上の効力の違いはありません。

ただし、一般的には記名捺印より署名のほうが文書の信用力という意味では勝っていると言えます。記名捺印の場合、そこに押されている印が本人の印だとしても、他人が盗用して押した可能性も否定できません。まして、いわゆる三文判のように店で売っているも

署名・署名捺印（押印）・記名捺印（押印）の例

署名		山田太郎
記名捺印（押印）	印刷	山田太郎　山田
	ゴム印	**山田太郎**　山田
署名捺印（押印）		山田太郎　山田

のが使用されていて、本人も否定した場合は、その証明が困難になります。

では、署名のほうが望ましいかと言えば、日本では印を押すという行為に契約者の最終意思がなされたという意味合いが慣習的に込められており、押印の有無が重要視されています。つまり、署名だけの文書を証拠として提出した場合に、相手方から「これは下書きだった」とか、「まだ決心がついていなかった」「最終的合意ができていなかった」などと言われかねないのです。

したがって、署名した上で捺印する（署名捺印）というのがその文書の信用性においては、一番確実な方法だと言えるでしょう。

10 ビジネス文書の作成と保存② 印の種類

前項で説明したように、欧米とは異なり、日本では印を押すという行為に特別な意味が込められています。ビジネス文書で使われる印には、次のようなものがあります。

①実印

実印とは、あらかじめ市町村役場や区役所（個人の場合）、法務局（法人の代表者印の場合）に登録され、印鑑証明書の交付が受けられる印です。一人一個とされています。ビジネス文書では必ずしも実印が押されていなければならないわけではありませんが、公正証書の作成を依頼する書面や土地建物の売買や抵当権設定の登記の申請をする書面など、実印が押され、かつ印鑑証明書が添付されていなければ通用しない文書もあります。また、日本人には実印を押すということに特別の重大性を感じるので、契約書のような取引上重大な文書にはなるべく実印を押すことが望ましいと言えます。

②銀行印

印鑑登録証明書用紙の例

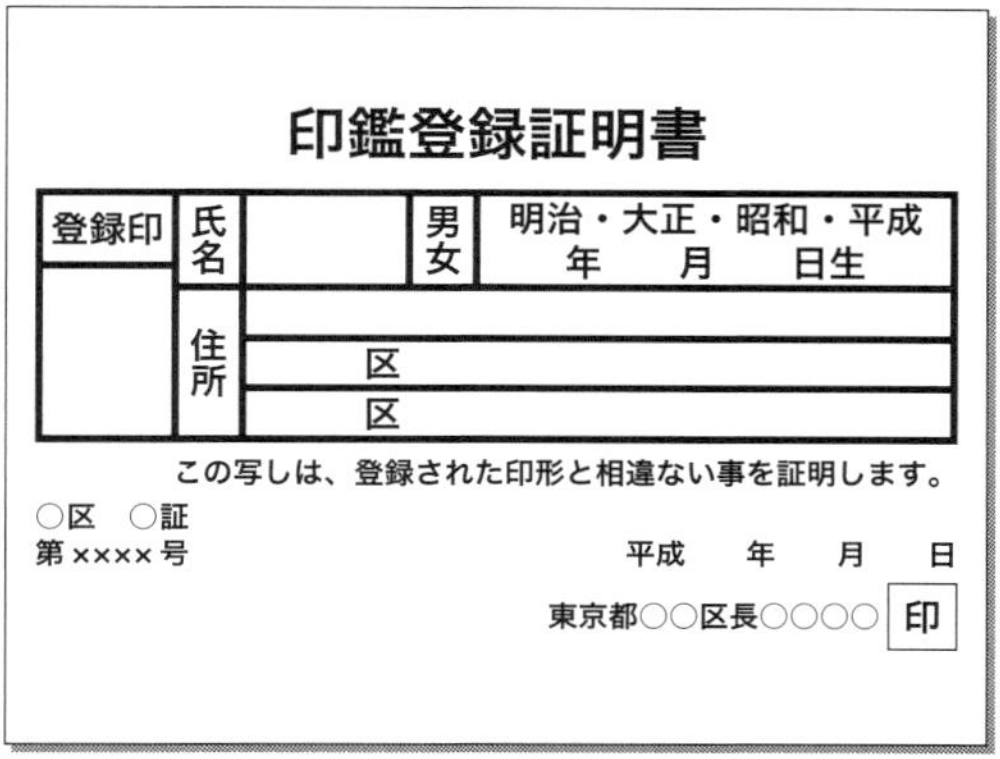

印鑑登録証明書

登録印	氏名		男女	明治・大正・昭和・平成 年　月　日生
	住所			
		区		
		区		

この写しは、登録された印形と相違ない事を証明します。

○区　○証
第××××号

平成　年　月　日

東京都○○区長○○○○　印

預金の払戻しや手形・小切手を振り出す際に使用するために金融機関に予め届け出た印です。銀行印以外の印を押した書類が回ってきても、金融機関では決済を拒否するので安全性が高いのですが、反面取り扱いは厳重にする必要があります。

③認印

印鑑登録されていない印のことで、三文判とも言われます。しかし、実印を使用しなければならない文書以外であれば、実印と認印の間に効力の差はありません。したがって、契約書などに認印を用いても有効となります。

なお、指先に朱肉をつけて押す拇印や手書きで名前を書いて丸で囲む書き判には署名や記名捺印と同等の法律効果は認められません。

11 ビジネス文書の作成と保存③　会社の印

会社で使用される印鑑には一般に次のようなものがあります。

①代表者印

会社の最も重要な印鑑で、個人の実印に相当します。登記申請や株式の発行、会社名義で行う契約など会社の重要文書に使用されます。通常、二重の同心円の外側に「○○会社」、内側に「代表者之印」という文字が刻まれています。代表者印は会社設立時の登記の際に、法務局へ届出され、登録されます。大きさは一辺が１センチを超え３センチ以内の正方形に収まるようにしなければなりません。形は四角形でも丸形でも大丈夫ですが、俗に「丸印」と呼ばれるように、丸形にするのが一般的です。なお、代表者印が盗難されたり、紛失した場合は、法務局へ亡失届を出し、新しい印鑑を作成して改印届を出します。

②社印

請求書や領収書、行政機関に提出する文書などに多く使われている印鑑です。代表者印

代表者印と社印の例

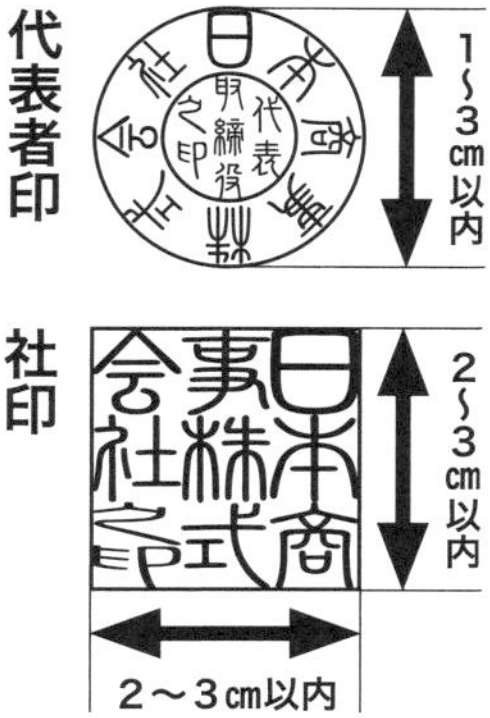

の「丸印」に対して、「角印」と呼ばれ一辺2～3センチの四角形をしているのが一般的です。通常は「○○会社之印」などと会社の名前が入っています。ただし、代表者印が登録された実印であるのに対し、社印は単なる認印にすぎず、効力は随分劣ります。契約書などで社印しか押されていない場合は代表者印も押してもらったほうが無難でしょう。

③役職者印

専務、常務、支店長、部長、課長、係長のように役職を入れた印鑑です。法的効力としては、認印に近いものであり、その役職者が代表者から一定の権限を認められている場合に限って、役職者印の入った契約書でも有効となります。

12

ビジネス文書の作成と保存④　押印の種類と方法

印鑑は住所や氏名を署名あるいは記名した後に押印するのが一般的です。氏名の最後の字に接するか接しないかくらいの位置で押すのが望ましいと言えます。

この他、押印の種類と方法には次のようなものがあります。

①契印と割印

文書が2枚以上になる場合、または同一文書を2通以上作成した場合に、その文書が一体であることを証明するために、両方にかかるように文書の署名部分と同じ印鑑で押印します。前者を契印、後者を割印と言います。

②訂正印と捨て印

訂正印は記載内容に訂正が出た場合に、文書の署名部分と同じ印鑑で押印することです。一般的には訂正箇所を二重線で消して横書きならその上、縦書きならその右に訂正後の文字を書き入れた後、欄外に訂正内容を「加入○字」「削除○字」と記入し、欄外と訂正箇

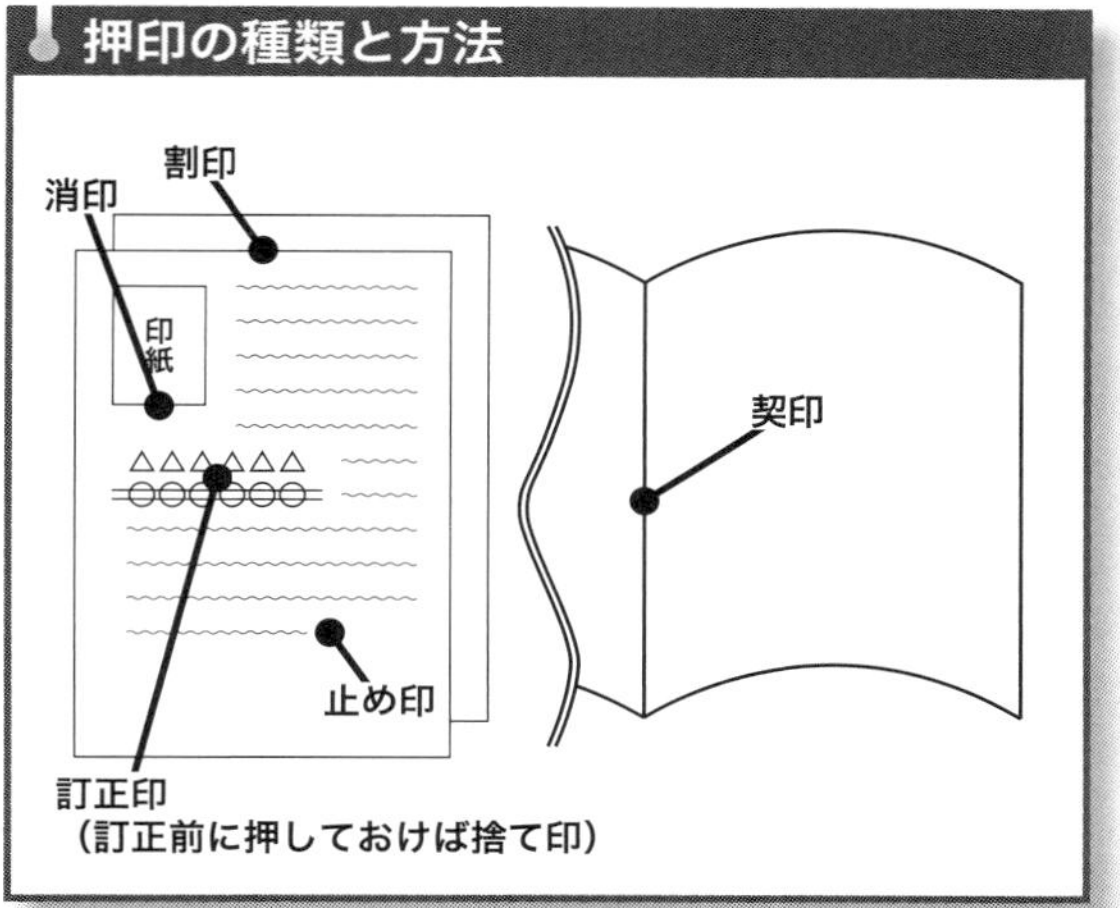

所の両方に押印します。また、後日訂正が必要となった場合に訂正印として使用するために予め欄外に押印することを捨て印と言います。慣習的に行われていますが、悪用される恐れもあるので、避けた方が賢明です。

③消印

文書に貼られた収入印紙（66ページ）が以後使用されないように、印紙と文書にかけて押印します。実務上はペンで名前をサインするだけでも構いません。

④止め印

文書の余白の部分に文字を書き加えられるのを防ぐために、最後の文字の末尾に押印することを言います。実務上は「以下余白」と書かれることが多く、あまり使われません。

13
ビジネス文書の作成と保存⑥　印紙

印紙とは、企業が作成する文書のうち、印紙税法で定められた契約（例　不動産の譲渡、金銭消費貸借、土地の賃貸借、請負など）に関する契約書や記載額が３万円以上（消費税を除く）の領収書、手形・小切手、会社の定款などに貼ることが義務づけられている証紙です。郵便局や郵便切手類販売所、あるいは印紙売りさばき所で購入できます。

印紙は、当事者双方が署名または記名捺印する契約書には必ず貼らなければならないのが原則です。また印紙税は作成者が納付しますが、各当事者が自分の契約書の分を負担するのが一般的です。

「契約書」というタイトルが文書についていなければ貼る必要がないということではなく、「覚書」とか「協定書」というタイトルでも、内容が契約の成立を証明していれば、印紙税法上の契約書として印紙を貼らなくてはなりません。

印紙が貼られていない場合、これはあくまでも納税したかどうかという印紙税法の問題

印紙を貼らなければならない主な文書と印紙額

①　不動産や営業権の譲渡、土地の賃貸借権設定または譲渡、消費貸借に関する契約（200 円～ 60 万円）

②　請負に関する契約（200 円～ 60 万円）

③　約束手形または為替手形（200 円～ 20 万円）

④　合併契約書、分割契約書、分割計画書（４万円）

⑤　定款（４万円）

⑥　継続的取引の基本となる契約書（4000 円

⑦　領収書等（200 円から 20 万円　＊ただし金額が３万円未満であれば非課税）

なので、文書の効力そのものには影響がなく、契約書であれば有効な契約になります。しかし、1通につき印紙額とその2倍に相当する額の過怠税の合計金額が課せられることになっています。また、不正な方法で印紙を貼るのを逃れようとした場合、1年以下の懲役か20万円以下の罰金が科せられます。印紙を貼るのを忘れるような企業、貼るのをごまかそうとする企業はそれだけで信用を失いますので、注意しましょう。

文書に貼った印紙は文書作成に使った印鑑または署名で消印をして、二度と使えないようにします。印紙を貼っていても消印をしていないと、印紙額と同額の過怠税を徴収されます。

14

ビジネス文書の作成と保存⑦　文書の保存期間

企業が日々作成したり、逆に相手から受け取るビジネス文書の数は極めて膨大で、そのすべてを永久に保存することは不可能です。貴重なオフィスのスペースを無駄遣いすることにもつながります。

そこで、一定の期間がすぎた文書については、保管するか、廃棄するかの基準を、企業としてつくり、社内に周知徹底させておく必要があります。

まず、ビジネス文書の中には法律で保存期間が定められているものがあります。これらについては、会社の法務部門や総務部門が一元管理しておくべきです。

各種契約書については、その契約に基づく取引が完全に完了するまで原本を廃棄してはいけません。また、契約に至るまでの交渉のやり取りを記した文書やファックス、eメール、さらに見積書、注文書、納品書、領収書なども残しておけば、後日裁判になった際の証拠となりえますので、一緒に保存しておきましょう。

主な文書の法定保存期間

商法	・「商業帳簿」 会計帳簿、貸借対照表、損益計算書、附属明細書 ・「営業に関する重要な書類」 株主名簿、社債原簿、株主総会議事録、取締役会議事録、営業報告書、契約書など紛争が生じた場合に重要な証拠となり得る書類	10年
法人税、所得税法	・仕訳帳、総勘定元帳、現金出納帳、固定資産台帳、掛帳、経費帳 ・棚卸表、貸借対照表、損益計算書、決算に関して作られた書類 ・注文書、契約書、送り状、領収書、見積書、その他これらに準ずる書類（契約書など）	7年
雇用保険法	・雇用保険被保険者に関する書類	4年
労働基準法	・労働者名簿、賃金台帳 ・雇入、解雇、災害補償、賃金その他労働関係に関する重要書類	3年
健康保険法	・健康保険に関する書類	
厚生年金法	・厚生年金保険に関する書類	2年
雇用保険法	・雇用保険に関する書類	

15 公正証書

公正証書とは、契約の当事者が全国各地に存在する公証役場に行き、「公証人」と呼ばれる法務大臣認定の資格を持った公務員（多くは判事や検事の経験者）に作成を依頼する文書のことです。公正証書は当事者だけで作成された文書（いわゆる私文書）とは違って、法律的に強い効力を持っています。作成の際には当事者の実印や印鑑証明書が必要です。

①証明力

公正証書にするメリットとして、まずその高い証明力が挙げられます。公証人は当事者の意思を十分にヒアリングして公正証書を作成しますので、後になって「契約は本意ではなかった」とか、「騙されてサインした」などと否認される恐れはなくなり、裁判においては極めて強い証拠となります。また、公正証書の原本は公証人のもとで、5年から20年間厳重に保存されますので、変造することはできませんし、万一当事者が持っている公正証書が紛失しても、原本に基づいて再度発行することができます。

「強制執行」文言付の公正証書の例

債務承認弁済契約公正証書

本公証人は平成○年○月○日、当事者の嘱託により、標題の契約に関し、以下の陳述の趣旨を録取して、この証書を作成する。

第壱条（債務の承認）債務者株式会社 ××（代表取締役○○、以下乙という）は、債権者株式会社 ×××（代表取締役○○、以下甲という）に対し、平成○年○月○日、金○○円の債務を負担していることを承認し、その弁済を約した。
上記債務は、平成○年○月○日から、平成○年○月○日までの間の商品代買掛金の合計額である。

⋮

（省略）

⋮

第七条（執行認諾）債務者乙と連帯保証人丙は、本証書記載の金銭債務を履行しないときは、直ちに強制執行に服する旨を陳述した。

②執行力

公正証書にするもう一つのメリットはその執行力の強さです。たとえば、「債務者の金銭の支払が遅れた場合は直ちに強制執行に服する」という条項を持つ契約を交わしたとします。期日になっても支払がされない場合、通常は裁判という時間も手間もコストもかかる方法を経なければ取り立てることができません。しかし、契約書を公正証書にした場合、いわゆる「債務名義（強制執行を行うための根拠）」として、裁判を経なくても直ちに強制執行に入れるのです（146ページ参照）。

このように、公正証書は私文書に比べて、非常に強い執行力を持っており、確実に代金を回収するための手段として利用されます。

16 内容証明郵便

内容証明郵便とは、どのような内容の文書を、いつ誰から誰に発送し、いつ相手方に配達されたかを郵便局が証明してくれるサービスです。

たとえば、代金の支払が契約書の期日どおりになされなかったので、相手に督促の手紙を出す場合、督促を行ったという事実を郵便局が証明してくれ、それが後に裁判などで役立つというわけです。書留郵便も誰から誰へ発送され、いつ誰が受け取ったかを証明してくれますが、内容証明郵便はさらに文書の内容までも証明してくれるのです。

内容証明郵便が証明するのは、①発送した人（発信者）、②発送した年月日（発信日）、③発送した文書の内容、④受け取った人（受信者）、⑤受け取った年月日（受信日）の5点です。この5点については、郵便局が証明してくれますので、どのような内容の文書がいつ相手方に届いたかについては、当事者間で争う余地がなくなります。

もっとも、郵便局は以上の5点について証明するものの、文書の内容が正当であるかど

内容証明郵便の利用法

① 法律や契約に定めてある手続を踏んだことを証明するために使う

② 相手方に強い催告と思わせるために使う

③ 裁判などに使う証拠づくりのために使う（相手方が驚いて返事をよこしたりするときがあるため）

④ 相手方の出方を知るために使う

⑤ 自分の主張や断固たる態度を明確に相手に伝える

うかについては関知しません。あくまでも当事者の一方的な主張を伝えるだけです。

したがって、内容証明郵便を受領したからと言って、相手方に回答したり債務の履行を行う法律的な義務が発生するわけではありません。ただ、受け取った相手にこちらの強い意思を示して心理的にプレッシャーをかける効果があります（122ページ参照）。

実際のビジネスで内容証明郵便がよく用いられるのは、次のような文書です。

①代金の支払や納品を催促する催告書
②契約の解除を通告する文書（契約解除通知書）
③債権譲渡通知書
④その他紛争の際の警告など

第3章

手形・小切手の基礎知識

1 手形とは

手形とは、商品やサービスを購入した際に、振出人が代金の支払いを約束して振り出す有価証券の一種です。通常は支払期日を指定して発行し、その支払期日が到来すれば、手形の受取人は銀行等でこれを換金することができます。

ビジネスの世界で手形は一般的に使われています。それは手形で支払うことによって、多額の現金の持ち運び、または輸送によるコストやリスクが避けられると同時に、振出人と受取人双方にとって、それぞれ次のようなメリットがあるからです。

①振出人のメリット

手形を振り出すことによって、その時点で資金に余裕がなくてもモノやサービスを掛けで仕入れることができます。代金は手形の支払期日までに用意できればいいので、資金繰りに余裕ができます。

②受取人のメリット

同じ「手形」でも、ビジネスで使われる手形は有価証券の一種です

仮に振出人が手形の支払期日にお金を用意できなかった場合、その手形は「不渡処分」となります。これが2回続くと振出人には「銀行取引停止」という厳しい処分が待っており、倒産に追い込まれます。したがって、振出人は何としてでも手形を決済しようとするので、債権回収がスムーズになります。また、手形は有価証券なので、裏書することで第三者に譲渡することが可能で、結果的に現金のように使えます。さらに、支払期日前に、銀行に手形を持っていけば、一定の額を割り引いた金額で現金化することができます（手形割引）。

　このように手形はビジネスを活性化する上で重要な役割を果たしているのです。

2 手形の流通・決済のしくみ

手形の振り出しとは、商品やサービスを購入した振出人が、その代金を販売者を受取人とする手形で支払うことを意味します。手形を受け取った受取人は、手形の支払期日が到来したら、銀行（取立銀行）に手形を持ち込んで換金します。

また、手形の受取人Ａは第三者から仕入れた商品やサービスの代金を、受け取った手形を裏書譲渡することで、支払うことができます。この裏書譲渡を受けた受取人Ｂも同じように他の債権者に手形を裏書譲渡することが可能です。こうして、手形の最終的な所持人である受取人が、手形を取立銀行に持ち込んで、取立依頼を行います。依頼を受けた銀行は、支払期日が来たら、その手形を手形交換所に持ち込み、支払銀行（振出人が当座取引している銀行）から手形金額を取り立て、それを受取人の当座勘定口座に振り込みます。

一方、支払銀行は振出人の当座勘定口座から支払った金額を引き落とします。

これが手形の流通・決済の一連のプロセスです。

手形の流通・決済のしくみ

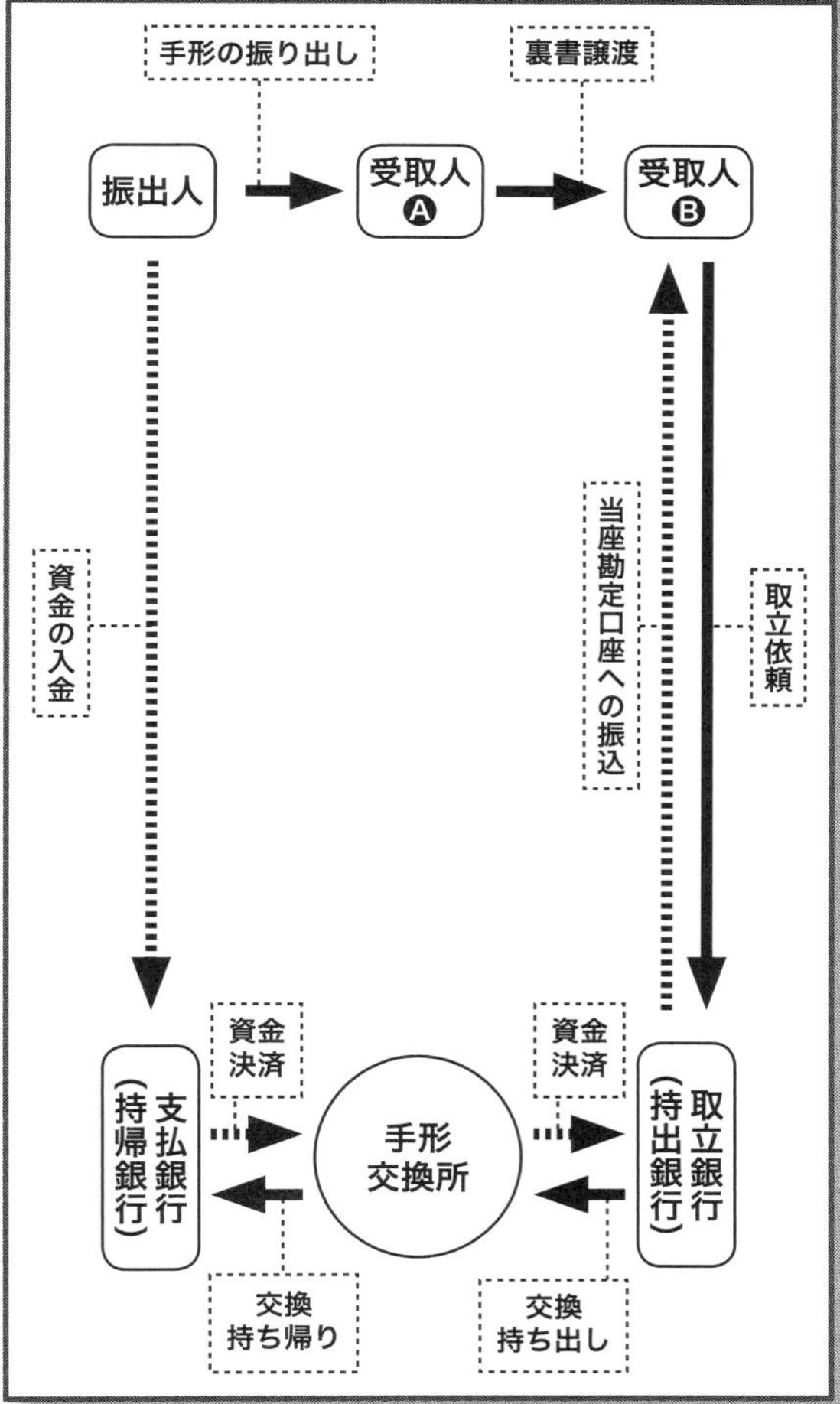

3 手形の記入事項

手形の書式は全国銀行協会連合会が制定した「統一手形用紙」を使うことが一般的です。そして、振出後の手形に必ず記入されていなければならない項目が9カ所あり、1カ所でも欠けている場合は原則として無効となります。以下一つずつ説明していきます。

①「約束手形」という文字……実際には統一手形用紙に予め印刷されています。

②手形金額……最も重要な箇所です。変造を防ぐために、一般的にはチェックライターで金額の前に「¥」、後ろに「※」や「★」を印字します。手書きの場合は「壱」「弐」「参」などの漢数字を使い、金額の前に「金」、後に「円也」と書き入れます。

③支払約束文句……統一手形用紙には予め印刷されています。

④支払期日……手形金額を支払う年月日を表します。書き方は次のようなものがあります。

(a)確定日払……ほとんどの手形取引で使われており、特定の年月日を記載します。

(b)一覧払……手形が銀行に呈示されればすぐに支払われます。

約束手形の記載事項

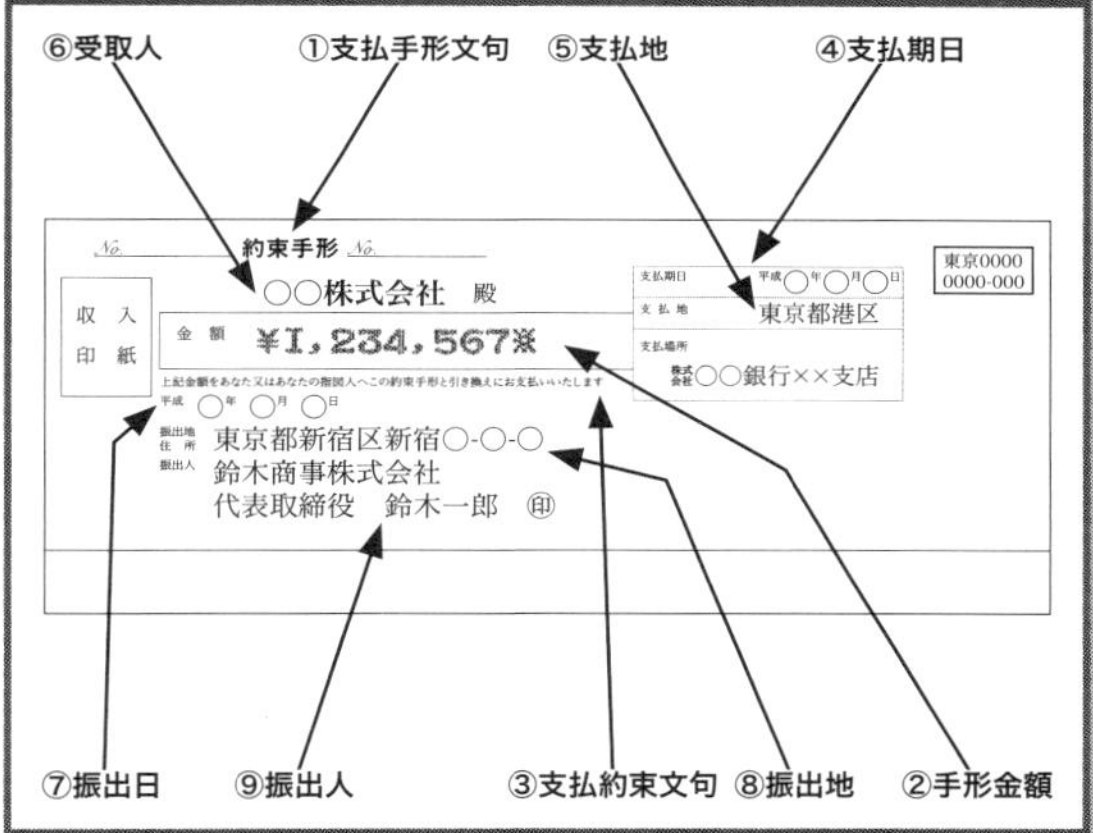

(c) 一覧後定期払……手形の呈示後、手形記載の一定期間後に支払います。

(d) 日付後定期払……手形の振出日から手形記載の一定期間後に支払われます。

⑤支払地……最小独立行政区画（市区町村）を記載します。実際には印刷済みです。

⑥受取人……手形金額を受け取る人あるいは法人の名を記載します。

⑦振出日……手形を振り出した年月日を記載します。必ず記入します。

⑧振出地……手形の振出がなされた地域のことです。実務上は省略可能です。

⑨振出人……振出人の署名（あるいは記名）・捺印が入ります。印は銀行に届け出たものでなければなりません。

4 白地《しらじ》手形

手形は前項で述べた９つの記載事項（手形要件）が１つでも欠けていれば原則として無効となります。しかし、たとえば期間の長い手形の場合、振出人が資金繰りが悪いのではと疑われるのを隠すために振出日を記入しなかったりするようなケースなどには、商慣習法上、一部の要件が欠けていても有効にすることがあります。このような手形を「白地手形」と言います。

具体的には、統一手形用紙において、①振出日、②受取人、③支払期日、④金額の４つに限って、白地手形が認められています。

ただし、譲渡の際は白地のままでよくても、銀行で取立を依頼する際には手形所持人は白地部分を補充しなくてはなりません。この白地部分を補充する権利を補充権と言います。

補充権は手形の振出人と受取人との契約により成立します。そして、その補充権は手形の譲渡にもついてまわり、白地手形の取得者に移転します。

4つの白地

①振出日白地	期間の長い手形を振り出す場合に多い
②受取人白地	受取人が裏書せず、（受取人の求めにより）そのまま譲渡する場合に多い
③支払期日白地	支払日がいつ来るのかわからないので、振出人にとって危険
④金額白地	振出人にとって最も危険

銀行取引においては、確定日払手形で振出日と受取人が白地で呈示されても、実務上支障がないということで支払われます。しかし、支払期が白地の場合は、形式不備という事由で一旦返還され、満期日を補充した上で再度呈示することになります。また、金額が白地の場合は、呈示そのものが考えられません。

白地手形は、手形を取得した人に補充権を与えて振り出されるものなので、手形の所持人は振出人の約束どおりに補充する義務があります。所持人が約束と異なる補充によって手形金の請求を行った場合は、その請求を拒むことができます。しかし、その手形が善意の第三者に渡った場合は、その請求を拒むことができません。

5 手形の裏書①　裏書とは

前述したように、手形の大きな特徴の1つに、受け取った手形を支払期日前に他人に譲渡して、現金のように使えるという点があります。これを「裏書譲渡」と言います。

たとえば、A社がB社に商品を販売して500万円の手形を受け取った後、C社から原材料を仕入れて、500万円の支払が発生したとします。このとき、A社はB社からもらった手形をC社に裏書譲渡すれば、C社への支払は終了したことになります。同様に、A社からB社の手形を譲渡されたC社がD社に支払債務があった場合、同じように手形をD社に譲渡して支払を済ませることができます。このように、手形は次々に転々と譲渡することができます。

裏書譲渡は、通常、手形の裏面にその時点での手形の所持人（**裏書人**）が署名して譲渡の意思を示すこと、すなわち「**裏書**」によって行われます。裏書は原則として、手形表面に記載されている金額を保証します。

裏書人の責任

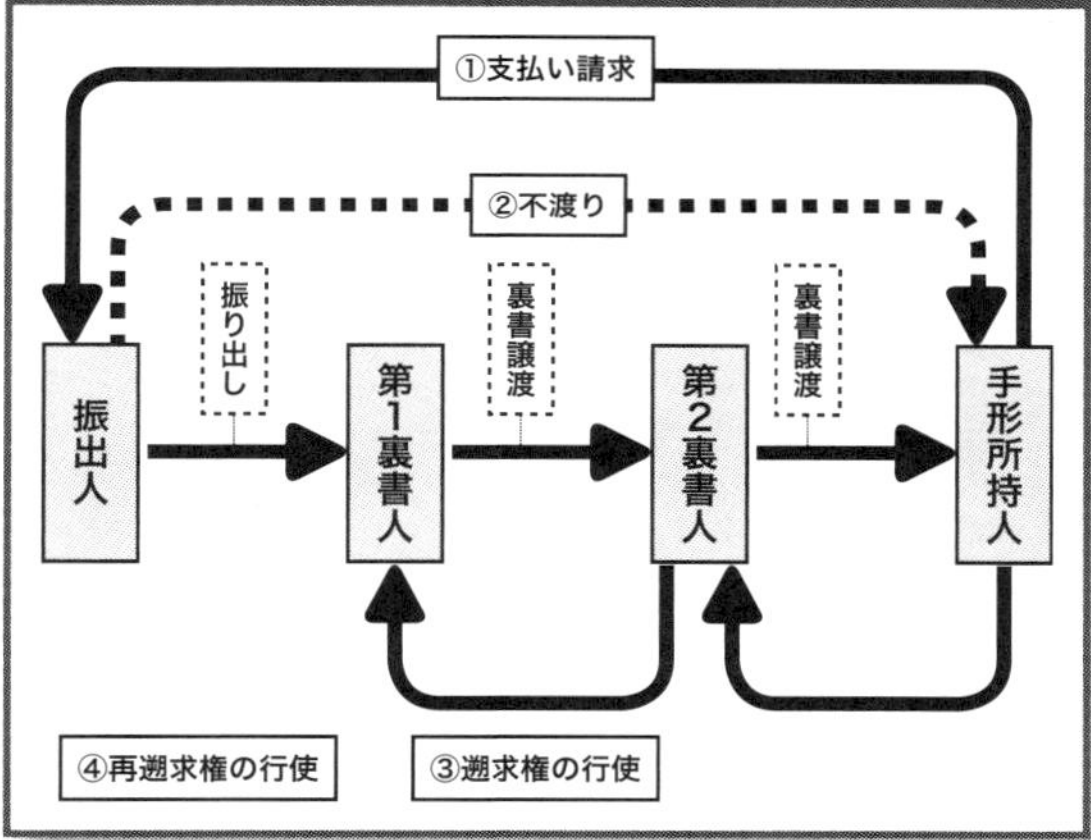

裏書によって、手形から生ずる一切の権利が裏書人から譲渡を受けた被裏書人に移転します。ここでいう一切の権利とは、手形の所持人たる地位、各手形行為者に対する請求権、裏書をする機能、白地を補充する権利、手形を譲渡する権利などを言います。

なお、裏書人は、裏書によって被裏書人とその後の手形権利者全員に対し、手形金の支払について担保責任を負います。すなわち、所持人（最終裏書人）が呈示期間中に手形を呈示しても手形が決済されなかった場合、所持人は自分の前の裏書人に支払を求める遡求権を行使することができます。これを裏書の担保的効力と言います。

6 手形の裏書② 裏書のしかた

裏書の具体的なやり方については以下のとおりです。

①裏書文言

「表記金額を下記被裏書人またはその指図人へお支払ください」の文言は、統一手形用紙にすでに印刷されていますので、記入する必要はありません。

②被裏書人の表示

手形を譲渡する被裏書人の氏名（個人名、法人名）を記入します。記名式ですが、記載しない裏書（白地式裏書）もあります。

③裏書人の署名、捺印

個人なら氏名、法人なら法人名・肩書・代表者名を書きます。裏書人の捺印が必要ですが、印は実印や銀行印でなくても問題ありません。

④拒絶証書不要

手形用紙の裏書記載事項

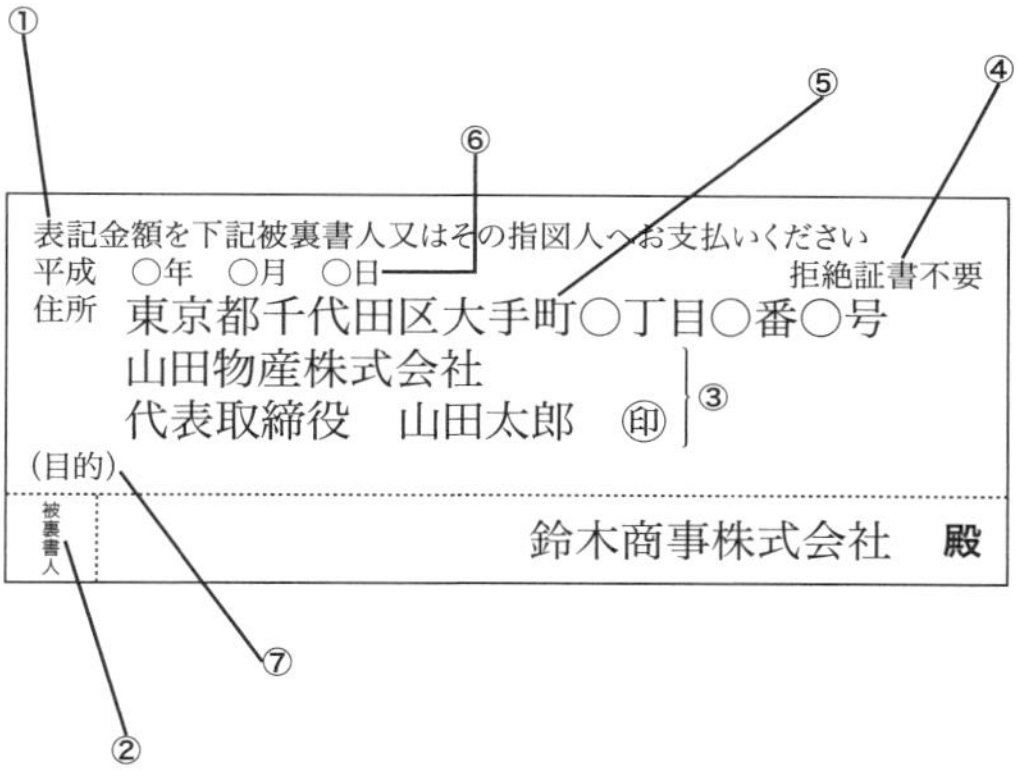

被裏書人が振出人から支払を拒絶されて、裏書人に手形代金の支払を請求する場合、「支払を拒絶された」という事実を証明する「拒絶証書」を公証人に証明してもらう必要がありますが、それがなくても支払に応じるという意味の文言です。統一手形用紙に印刷されていますので、記入の必要はありません。

⑤裏書人の住所

必須ではありませんが、支払拒絶のあった際にその通知を受けるために書くべきです。

⑥裏書の日付

記入しなくても有効です。

⑦目的

無担保裏書、裏書禁止裏書、取立委任裏書の場合のみに記入します。

7 手形の裏書③　裏書の連続

手形の譲受人は、裏書によって手形上の権利を行使する資格を取得します。つまり、被裏書人は、手形の裏書が形式的に連続してさえいれば、自分が権利者であることを証明しなくても、適法な所持人とみなされ、手形上の権利を行使することができます。

具体的には、手形の受取人が第一の裏書人となり、第二以下の裏書では、その直前の被裏書人が裏書人となり、受取人から最後の裏書の被裏書人まで、ＡからＢ、ＢからＣ、ＣからＤというように、手形の裏書が途切れずに連続していることを言います。

この裏書の連続は、外観上連続していればよく、裏書が実質的に有効であるかどうかを問いません。たとえ、偽造の裏書や架空の人物・会社の裏書が中間に存在しても、裏書は連続しているとみなされます。逆に、裏書人とその直前の被裏書人が実質的に同一人物であっても、手形上の記載名がそれぞれ別名（例　本名とペンネーム）であれば、裏書が連続しているとは見なされないことになります。

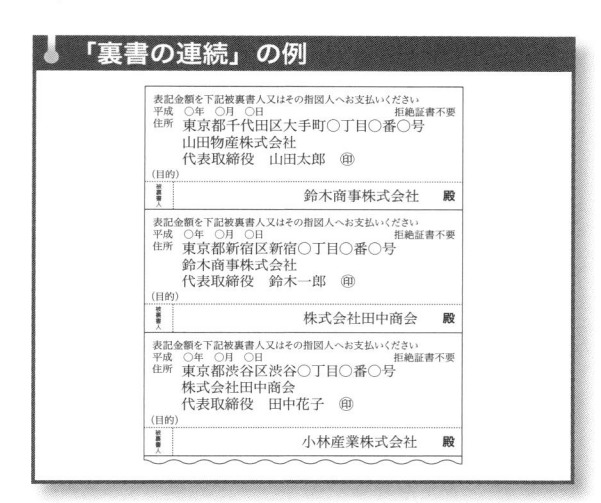

「裏書の連続」の例

表記金額を下記被裏書人又はその指図人へお支払いください
平成　○年　○月　○日　　拒絶証書不要
住所　東京都千代田区大手町○丁目○番○号
山田物産株式会社
代表取締役　山田太郎　㊞
(目的)
被裏書人　鈴木商事株式会社　殿

表記金額を下記被裏書人又はその指図人へお支払いください
平成　○年　○月　○日　　拒絶証書不要
住所　東京都新宿区新宿○丁目○番○号
鈴木商事株式会社
代表取締役　鈴木一郎　㊞
(目的)
被裏書人　株式会社田中商会　殿

表記金額を下記被裏書人又はその指図人へお支払いください
平成　○年　○月　○日　　拒絶証書不要
住所　東京都渋谷区渋谷○丁目○番○号
株式会社田中商会
代表取締役　田中花子　㊞
(目的)
被裏書人　小林産業株式会社　殿

もっとも、略字や用字の違いはあっても、社会通念上、同一人物であると認められれば、裏書は連続していると見なされます。たとえば、受取人「Y物産K．K．」と裏書人「Y物産株式会社」の間には裏書が連続しています。

また、裏書の連続を欠いた手形であっても、手形そのものが無効となり、手形上の権利が消滅するわけではありません。実質的権利者であることを証明すれば、手形上の権利を行使することができます。

なお、手形の譲渡は前述のような裏書によって行われるのが一般的ですが、被裏書人欄が記載されていない白地式裏書による譲渡も有効です。

8 手形事故とその対策①　不渡事故とその結果

手形はその支払期日に支払銀行で呈示され、無事に決済されて（一般に「手形が落ちる」と言います）、その役割を終えるのが普通です。しかし、「○○○のために支払に応じかねます」という付せんがついた手形が戻ってきて、支払を拒絶されることがあります。これを「手形の不渡り」と言い、戻ってきた手形を、「不渡手形」と呼びます。

手形を不渡りにする理由を「不渡事由」と言い、東京手形交換所規則で定められている不渡事由は①第1号不渡事由、②第2号不渡事由、③第0号不渡事由の3つに分類されます。この中で①と②については、支払銀行と振出銀行の双方から手形交換所に不渡事由が出されます。

個々の不渡事由については次項で後述しますが、手形が不渡りになるというのは、どんな意味を持つのでしょうか。

不渡りを出すと、一般に会社がその倒産したかのようなイメージを持つ人も多いと思い

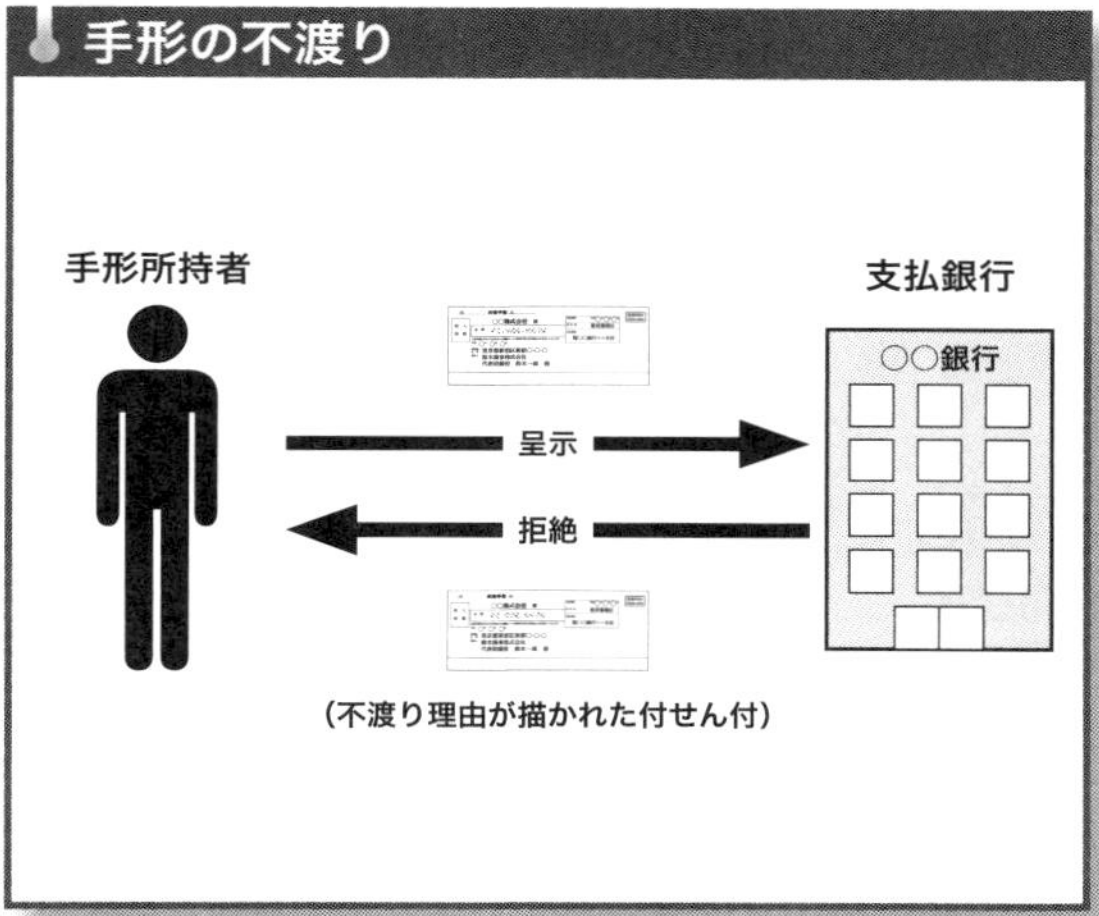

ますが、厳密には「不渡り＝倒産」ではありません。ただし、不渡りを出すというのは、その会社が資金不足であることの証明であり、取引先も債権回収に入りますから、新たな取引が難しくなります。

そして、手形交換所は不渡の届が1回目であるときは、不渡りの発生を加盟銀行に通知して警告します。そして、6カ月以内に2回目の不渡届が出されると、手形交換所は「取引停止報告」にその名前を掲載して加盟銀行に通知します。取引停止処分を受けた会社は「銀行取引停止処分」となり、以後2年間は銀行取引ができなくなってしまいます。

銀行取引が停止ともなれば、その会社は事実上倒産に追い込まれたと言えるでしょう。

9 手形事故とその対策②　不渡事由

不渡手形が生じたとき、支払銀行から手形交換所に「不渡届」が提出されます。

前項の3つの不渡事由とは以下のとおりです。

①第0号不渡事由

手形呈示の際の形式の不備、裏書の不連続、呈示期間経過後の呈示、依頼返却の申し出による返却、財産保全処分による支払拒絶などの理由によるケースです。これらは主に手形所持人などの不注意によって手形が適法に呈示されなかったことが原因であり、手形債務者の信用とは関係ないので、不渡届は出されず、不渡処分の対象になりません。

②第1号不渡事由

手形自体は有効でありながらも、手形が呈示されたときに支払資金が不足していたり、当座勘定取引がないことにより、不渡りとなるケースです。これらは支払人の理由で手形の信用を損なうものなので、不渡届を出された後、異議申立は認められません。6カ月以

3つの不渡事由

①	第0号不渡事由 形式不備 裏書不備 呈示期間経過後 依頼返却など	不渡処分の対象にならない
②	第1号不渡事由 資金不足 取引なし	不渡処分 （異議申立が認められない）
③	第2号不渡事由 契約不履行 紛失 盗難 偽造 印鑑相違など	異議申立が認められる

内に二度不渡りを出せば、当然ながら銀行取引停止処分になります。

③第2号不渡事由

第0号と第1号の事由に該当しない、契約不履行、詐欺、紛失、盗難、印鑑相違、偽造・変造、取締役会承認等不存在、金額欄記載方法相違（チェックライター以外の方法で金額を記入した場合）などによるケースです。これらは手形の呈示も適法に行われ、支払資金もあるが手形債務者が手形金を支払うことについて争いたいということですので、不渡届が出された場合、振出人は異議申立預託金を積んで異議申立を行い、それが決着するまでは不渡処分を猶予されます。

10　手形事故とその対策③　不渡以外の手形事故

手形を紛失してしまったり、盗まれた場合はどうすればいいのでしょうか？

まず手形を善意の第三者に譲渡されたり、支払われることを防ぐために、ただちに支払人と支払場所の銀行に届け出ることが必要です。同時に、手形の紛失・盗難は刑事事件であり、また後日後述する公示催告手続や訴訟の証拠として警察の証明が必要になる場合が多いので、警察にもできるだけ早く届出を行います。このほか、業界紙などに新聞広告を出したり、貸金業団体に告知を行うのも方法の1つです。以上の方法には手形を無効にする効果はありませんが、善意の第三者に渡ることを防ぐ効果はあります。

手形を法的に無効にするためには、次の公示催告と除権判決の申立を行います。

①公示催告

公示催告とは、申し立てのあった手形を所持している人に対して、一定期間までに届け出るよう公告することです。公告は官報と裁判所の掲示板に載せられます。手形を所持し

公示催告と除権判決の流れ

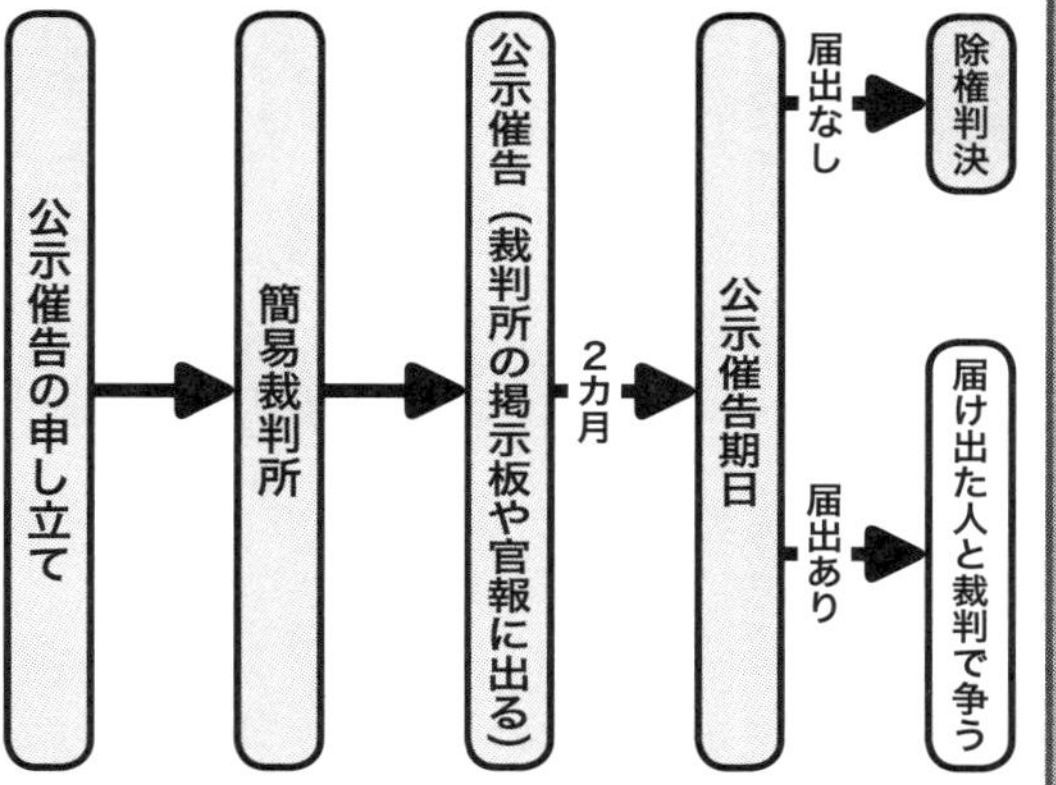

ている人が届け出なければならない期間は官報に掲載した日から2カ月間です。公示催告の申立は手形の支払地を管轄する簡易裁判所に対して行いますが、その際に警察の紛失または盗難証明書が必要です。

②除権判決

公示催告期間中に手形の所持人から届出がない場合、次に「除権判決」を申し立てます。申立に基づいて裁判所が除権判決を下せば、手形をなくした者は判決の正本によって、手形がなくても手形金が請求できます。一方、届出があった場合は、裁判によって、手形をなくした者と現在の所持人とでどちらが正当な権利者かを争うことになります。

11 小切手とは

小切手とは、小切手法に基づいて、振出人が第三者である支払人（銀行）にあてて振り出し、受取人その他小切手の正当な所持人に対して、一定の金額を支払うことを委託するものです。小切手を持参した人に対して、銀行は記載金額を支払います。

小切手は、金銭の支払を委託する有価証券であるという点では手形と似ていますが、手形が信用証券、つまり支払人の信用を利用して将来の日における支払を約束するものであるのに対し、小切手は支払証券、つまり現金の代わりとなる支払の手段にすぎません。

また、手形には支払期日があるのに対して、小切手は振出日の翌日から10日間の呈示期間内に銀行に持ち込むか、取引銀行に取立依頼すれば、即座に小切手金額を受け取れます。

小切手は経済的機能によって以下のように分類することができます。

①当座小切手……最も一般に流通している小切手で、取引銀行から交付を受けた当座小切手用紙を用いて、一般企業などが振り出すものを言います。

小切手は用途や経済的機能によって、さまざまな種類があります

②個人当座小切手……いわゆるパーソナルチェックで、個人が私生活上の支払のために振り出すものです。

③送金小切手……遠隔地に現金を送りたい場合に使います。

④トラベラーズチェック……海外への旅行者が現金を持ち歩く危険を防ぐために使われます。

⑤自己あて小切手……銀行が自行にあてた小切手です。

⑥日銀小切手……日本銀行と当座勘定取引契約をしている銀行や官庁が、日銀あるいはその代理店あてに振り出します。

⑦政府小切手……⑥の一部で、特に振出人が官庁である小切手を言います。

12 小切手の流通・決済のしくみ

小切手の流通・決済システムは以下のとおりです。

まず、振出人が小切手に必要事項を記載して振り出し、それを受取人に渡します。そして、受取人は通常、その小切手を自分の取引銀行に持ち込んで、当座勘定口座に入金します。

小切手を持ち込まれた銀行は、その小切手を手形交換所を通じて、支払銀行から記載金額を取り立てます。支払銀行は振出人の当座勘定口座から引き落とした上で、取立銀行に支払います。

小切手は振出日から10日以内に呈示しなくてはなりません。この期間は小切手に記載された振出日の日付から起算しますが、初日は参入しません。また、期間中に土日や祝祭日があってもそのまま計算しますが、10日目が土日や祝祭日の場合は、翌営業日となります。

また小切手の呈示期間10日は、振出人が支払委託取消を行わないかぎり、銀行の実務上は振出人の了承のもと、振出日から1カ月くらいは支払われます。

小切手の流通・決済のしくみ

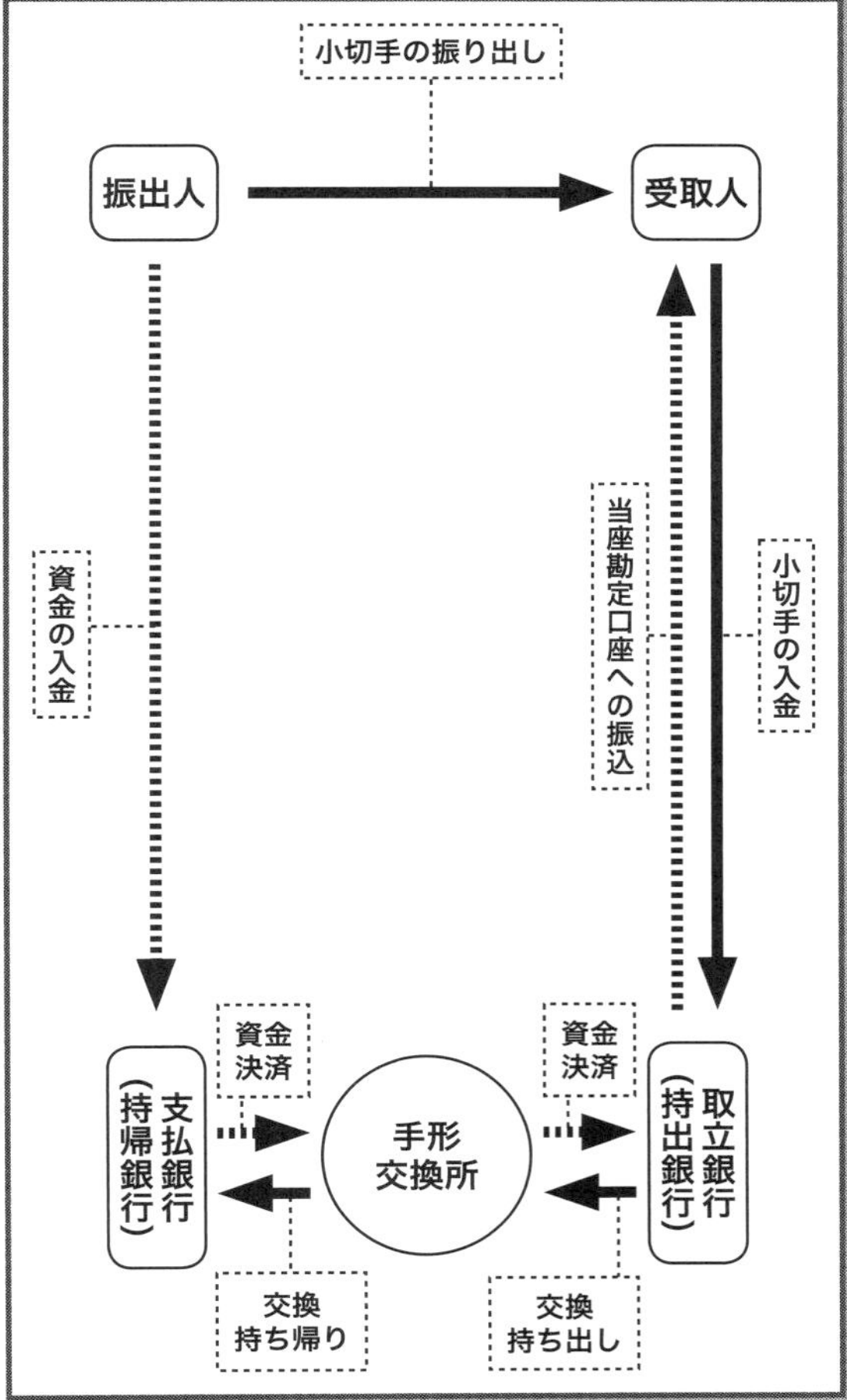

13 小切手の記入事項

小切手は手形との共通点が多々あります。まず小切手を振り出すには、振出銀行に当座預金を持つと同時に、当座勘定取引契約をする必要があります。小切手用紙は振出銀行から交付されますが、手形同様、全国銀行協会連合会が制定した統一小切手用紙が使われています。

さらに、次の記載事項が記入されていなければ、手形同様、小切手は無効となります。

①小切手文句……小切手であることを識別するための表題で、統一小切手用紙に印刷されています。

②支払委託の文言……「上記の金額をこの小切手と引き替えに持参人へお支払ください」という文言で、統一小切手用紙に印刷されています。

③小切手金額……手形と同様、チェックライターを使うのが一般的です。

④振出人の署名（または記名）・捺印……手形同様、銀行印を押します。

小切手の記載事項

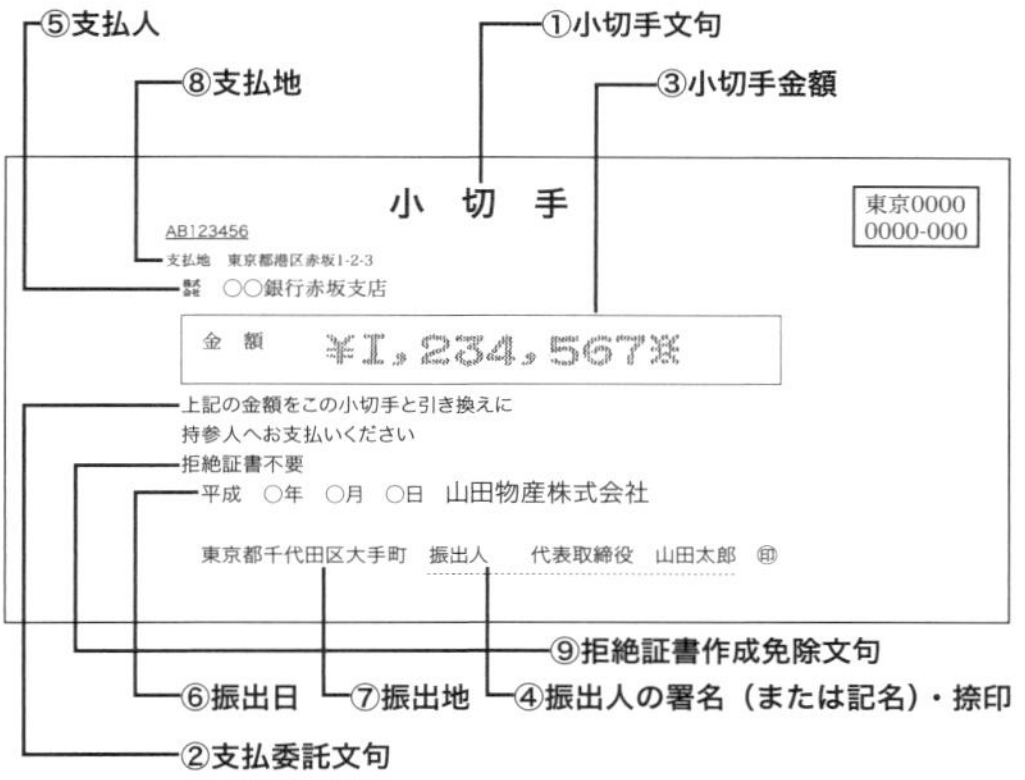

⑤支払人の名称……小切手用紙を交付した銀行の支店名などが入ります。統一小切手用紙に印刷されています。

⑥振出日……手形同様、重要な日付ですので必ず記入します。

⑦振出地……手形同様、振出人の住む最小独立行政区画です。統一小切手用紙に印刷されています。

⑧支払地……支払人である銀行の住所です。統一小切手用紙に印刷されています。

⑨拒絶証書作成免除文句……拒絶証書の作成を免除する文句で、統一小切手用紙に印刷されています。

14 小切手の譲渡

小切手は支払証券ですから、手形のように転々と流通することが予定されていません。しかし、以下のような方法で特定の人に譲渡することができます。

①持参人払式小切手の場合……小切手の「持参人」の文字を消さずにそのまま振り出した小切手です。そのまま現金と同じように譲渡できます。

②記名式小切手の場合……小切手の「持参人」の文字を抹消して、特定の受取人名を書いた小切手です。実務上は抹消するだけでなく必ず訂正印を押すように求められます。

③指図式小切手の場合……小切手の「持参人」の文字を抹消して、「○○殿またはその指図人」とした小切手です。効力は記名式と同じで、訂正印を押します。

実際に流通している小切手のほとんどは①の持参人払式小切手で、小切手を引き渡すだけで譲渡は完了します。また、小切手を受け取った人も裏書をする必要はありません。

しかし、小切手も裏書による譲渡が可能です。ただし、手形のように裏書欄がないので、

記名式小切手の譲渡の例

表

> 上記の金額をこの小切手と引き換えに
> ~~持参人~~へお支払い下さい
>
> 山田太郎　殿

裏

> 東京都新宿区新宿○丁目○番○号
>
> 山田太郎　㊞

小切手の裏面に、裏書する人が署名（または記名）・捺印します。裏書文句や被裏書人の名前を書く必要はありません。

ただし、裏書をした場合、仮にその小切手が不渡りになった際は、裏書人としての責任を負うことになります。また、裏書によって持参人払込式小切手を受け取った人は、さらに裏書して譲渡することも、また引渡して譲渡することもできます。

裏書人の住所は必ずしも必要ではありませんが、万が一不渡りになった場合に備えて、書くのが普通です。また、記名式小切手や指図式小切手では、受取人が小切手金を受け取るために上の図のような裏書をしなくてはなりません。

15 線引小切手

小切手は現金と同じように使えるという点で便利ですが、その一方で紛失したり、盗まれた場合、不正な取得者に小切手金が支払われてしまうというリスクがあります。そのために考えられたのが、「**線引小切手**」という制度です。

線引小切手は、小切手の表面の隅に2本の平行線を引くか、平行線の中に単に「銀行」「銀行渡り」あるいは「Ｂａｎｋ」と記載する「**一般線引小切手**」と、平行線の中に特定の銀行名を記載する「**特定線引小切手**」の二種類があります。

この線引小切手によって、小切手の支払先が限定され、誰に支払ったかを確認できますので、事故の防止と解決に役立ちます。つまり、一般線引小切手を呈示された支払銀行は、他の銀行または自己の取引先から呈示された場合にかぎってその支払をすることができ、特定線引小切手を呈示された支払銀行は、指定された取立銀行に対してのみ支払うことができ、自行が指定されているときは自行の取引先に対してのみ支払うことができます。

線引小切手の例

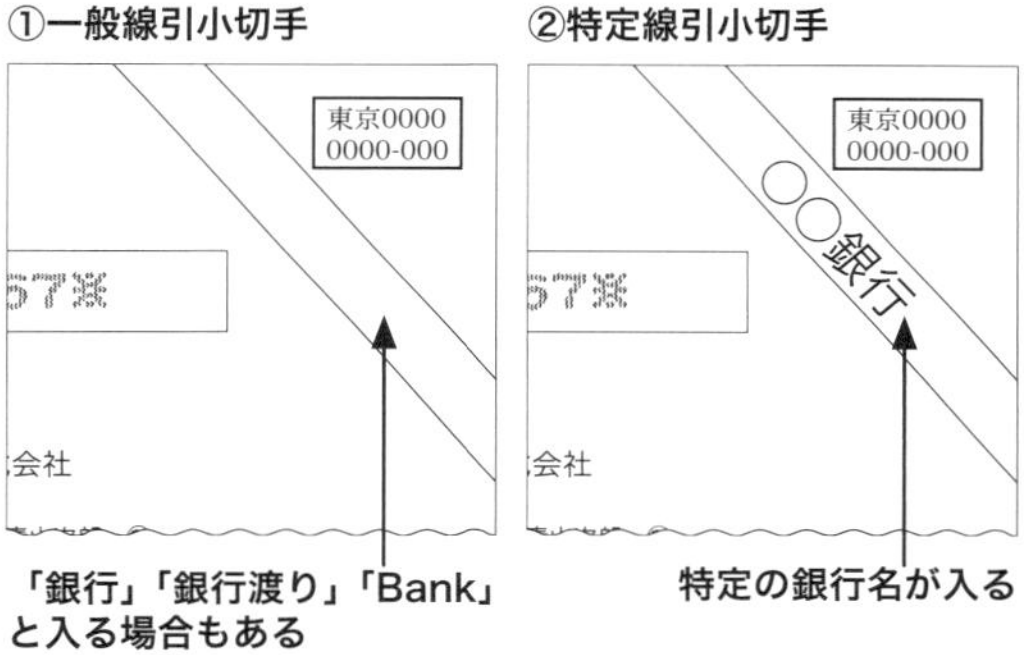

このように、線引小切手は、小切手の盗難や紛失の場合に起こりうるリスクを防止する制度なので、小切手の振出人だけなく、所持人も線引をすることできます。通常、小切手は、あらかじめ線引されて振り出されることが多いようです。

ただし、一度行った線引の抹消はできないことになっており、線引小切手の受取人が小切手をすぐに現金化したい場合に不都合が生じます。その場合は、小切手の裏面に振出人の届出印を押して呈示すれば、その印の押された線引小切手については、取引のない所持人でも銀行は支払うことが慣行的に行われています。この印を「裏印」と言います。

16 先日付小切手

先日付小切手とは、小切手に振出日として記載されている日付が、実際の振出日より先になっているものを言います。たとえば、11月1日に振り出された小切手の振出日が11月20日になっているような場合です。

これは、小切手を振り出した時点では振出人に資金の準備ができていないものの、何日か後には売掛金の回収などで資金を手当できるような場合に利用されます。

もっとも、小切手は一覧払と決まっており、呈示されたらただちに支払われなければなりませんので、日付を先にすること自体に意味はありません。したがって、先日付小切手を振り出す際は、振出人と受取人の間で、振出日前に呈示しないことや第三者に譲渡しない旨を約束しておかなければなりません。

ただし、先日付小切手を振り出すということは振出人に資金の余裕がなく、小切手が不渡りになる可能性を示していますので、受取人としては早期に回収するために小切手上の

先日付小切手の支払呈示期間

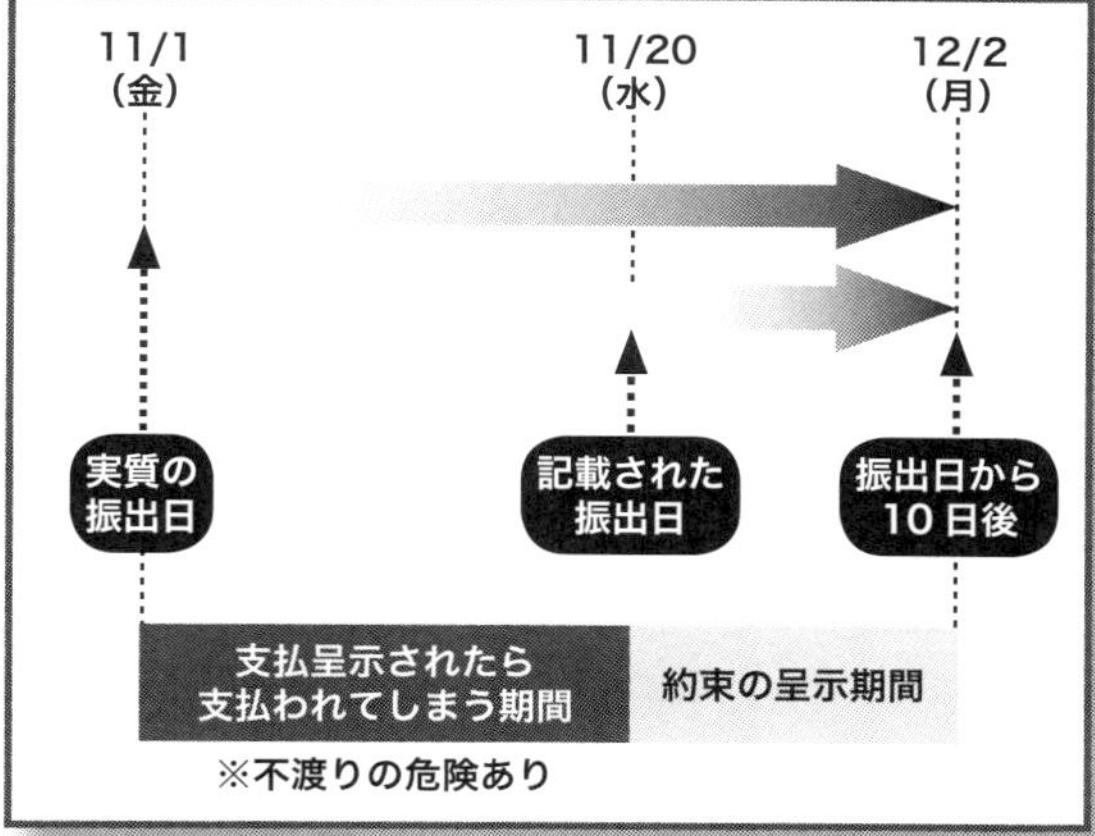

振出日を待たずに、呈示してしまう可能性があります。

その結果、振出人が損害を被った場合は、約束に違反したものとして、受取人に損害賠償を求めることができるでしょうか?

小切手が不渡りになれば、振出人は不渡処分を受け、信用失墜の危機にさらされますので、受取人に債務不履行による損害賠償を請求することができます。

ただし、このようなことは好ましいことではないので、先日付小切手の振り出しや受け取りは極力避けたほうが賢明と言えるでしょう。

第４章

債権回収の基礎知識

1 債権の管理と回収の重要性

企業は商品やサービスを販売し、その売上によって会社を維持し、従業員に給与を支払い、さらに納税することで社会を支えていきます。そして、残りの売上を新しい商品やサービスの開発に振り向けて、さらなる発展をめざします。

このように、ビジネスにおける利益とは、企業が社会に貢献しつづけていくための力の原資だと言えるでしょう。

では、逆に、企業が販売先の不払いなどで売上を回収できなかったとしたらどうなるでしょうか。新しい商品・サービスを生み出すことができないどころか、税金を納めたり、従業員に給与を支払うこともできず、企業を維持することすら困難になります。

したがって、企業にとって、売上（債権）をきちんと管理して、回収することは、自らの存続のために不可欠なことであり、企業活動の根幹であるとも言えます。言い換えれば、ビジネスは債権回収まで終わって初めて完了なのだということを理解しておきましょう。

債権回収の意味

① 回収して初めてビジネスが完了する

② 会社の存立を支える

③ 従業員の生活を守る

④ 利益によって社会を支える

もちろん、だからと言って、暴力などを使った実力行使による債権回収が許されるものではありません。法治国家である日本では、債権回収にもさまざまなルールがあり、債務者の状況も考慮に入れながら、適切な手法で確実な回収を進めていくことが求められます。

このような債権回収の知識は、課長や部長などの一定以上の地位にある社員だけが知っていればいいというものではなく、すべてのビジネスマンが一通りの知識を身につけておくことが望ましいのは言うまでもありません。とりわけ、直接お客と接する営業マンには、数ある債権回収の方法の中から最も効率的なものを選んで、スムーズに回収する手腕が求められているのです。

2 債権回収のフローチャート

ひと口に「債権回収」と言っても、その方法は幾通りもあり、どのような方法をどのような順番で用いるのかはケースバイケースです。

ここでは、債権回収の最も基本的な流れについて説明します。

債権回収の第一歩は相手の不払い（債務不履行）に対して督促を行うこと（請求）です。相手が簡単に支払いに応じてくれれば即解決ですが、そうでない場合は交渉に入ります。このとき、相手の状況を見て、即時回収をめざすか、あるいは支払を猶予したり、分割に応じるなどの時間をかけた回収のどちらかを選択します。後者であれば、連帯保証人を立てたり、担保権を設定したり、手形にしてもらったり、強制執行力のある公正証書を発行するなどの方法をとって、確実な回収をめざします。

交渉が不調に終わるか、交渉内容が履行されない場合は、裁判所の力を借りた強制執行の準備を進めることになりますが、担保がない場合は、相手が勝手に資産を処分したり、あるいは第三者が先に回収することを防ぐために、仮差押えなどの保全処分を行います。

債権回収の流れ

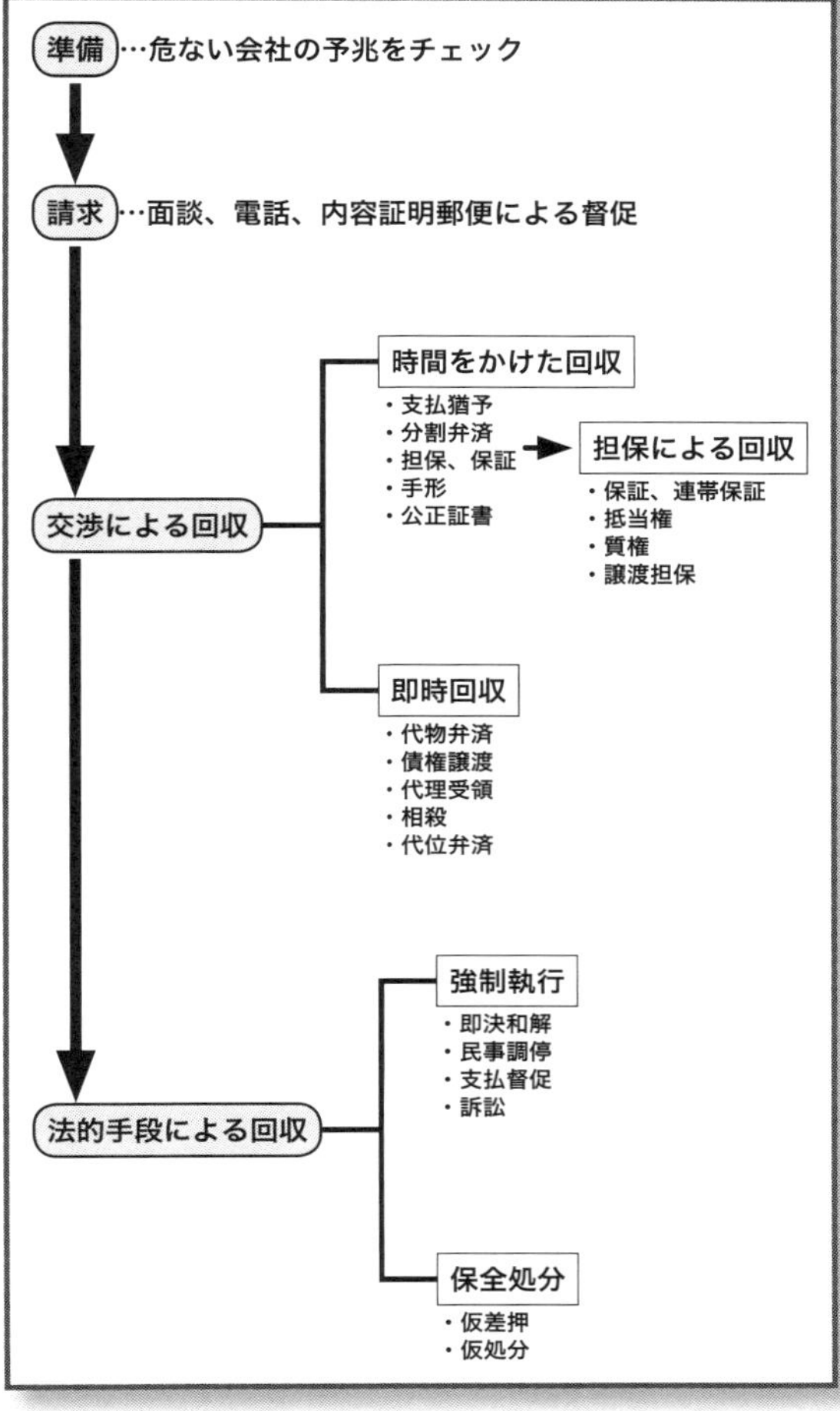
準備
…危ない会社の予兆をチェック
請求
…面談、電話、内容証明郵便による督促
交渉による回収
時間をかけた回収
・支払猶予
・分割弁済
・担保、保証
・手形
・公正証書
担保による回収
・保証、連帯保証
・抵当権
・質権
・譲渡担保
即時回収
・代物弁済
・債権譲渡
・代理受領
・相殺
・代位弁済
法的手段による回収
強制執行
・即決和解
・民事調停
・支払督促
・訴訟
保全処分
・仮差押
・仮処分

3 債権回収の基礎知識① 自力救済の禁止と債権者平等の原則

債権回収には、次の2つの基本的原則があります。

①自力救済の禁止

債権とは、相手に対し一定の行為をすることを請求する権利です。具体的には相手に代金の支払を求めたり、貸したお金の返済を求めることを言います。

しかし、納品済みの商品の代金を支払ってくれないからと言って、債権者が債務者のところに押しかけて、勝手に納品した商品を引き上げたり、金庫の中のお金を持ち帰ることを民法は禁じており、これを「自力救済の禁止」と言います。なぜこのような規定があるかといえば、法治国家では、債権者の権利の行使に対して債務者が応じない場合の解決策として、裁判所という公的機関を通じた「強制執行」という形しか認めていないからです。

②債権者平等の原則

たとえば、Aさんに対して、Bさんが10万円、Cさんが20万円、Dさんが30万円を貸し

債権者平等の原則と自力救済の禁止

債権者平等の原則

（債権の発生時期の順番、金額の多寡は関係ない）

↓

回収は早いもの勝ち

↓

ただし、「自力救済」は禁止

（債権者の任意による支払いがなければ、法的手段か担保による回収しかない）

ており、Aさんが30万円の財産しかもっていないとします。

　この場合、BさんとCさんとDさんはその貸付の順番や金額に関係なく、それぞれの持つ債権を按分して、Aさん5万円、Bさん10万円、Cさん15万円しか回収できないことを債権者平等の原則と言います。つまり、債権者はすべて平等であり、債務者が誰に対して優先的に履行しなければならない決まりはないということです。

　この「債権者平等の原則」への対抗策としては、債務者に対して熱心に働きかけて、自分に一番早く弁済させるように交渉したり、抵当権や保証などの担保をとって優先的に弁済を受けるようにするなどの方法があります。

4

債権回収の基礎知識②　期限の利益

「〇月〇日までに支払う」と約束することは、裏を返せばその前日までは支払わなくてもいいことを意味します。このように、期限が定まっている場合、その期限の到来までは支払を拒むことができることを「期限の利益」と言い、債務者を保護するためにあるとされています。

しかし、債務者が破綻に追い込まれたり、担保を傷つけたり壊したりした場合には、債務者はこの期限の利益を失い、期限の到来を待たずに直ちに支払わなくてはなりません。

また、前述の民法の規定以外にも、契約で支払期日を定める際に、予め、相手方にある一定の事情（例　他者から差押えを受けるなど）が生じた際は期限の利益を失う旨を特約で定めておけば、同様の効果を持つことができます。

どのような場合に期限の利益を喪失させるかは、原則として契約の当事者で自由に決めることができますが、相手方の利益を不当に侵害したり、「一方が相手の資力が悪化した

期限の利益の喪失事由

- ① 契約上の義務を怠り、相当の期間を定めて催告してもなお履行しないとき
- ② 破産、特別清算、会社更生、民事再生等の法的整理手続開始の申立てがあったとき
- ③ 競売、差押え、仮差押え、仮処分の申立てがあったとき
- ④ 手形交換所の取引停止処分があったとき

など

と認めたときは期限の利益を失う」のように期限の利益を失う基準が明確ではない約束は、無効となる恐れがあることに注意しましょう。

一般的には以下のようなケースが期限の利益喪失の事由として定められることが多いようです。

①契約上の義務を怠り、相当の期間を設けて催告しても、履行がされないとき

②破産、特別清算、会社更生、民事再生などの法的整理手続開始の申し立てがあったとき

③競売、差押え、仮差押え、仮処分の申立てがあったとき

④手形交換所の取引停止処分があったとき

5 債権回収の基本知識③　消滅時効

債権を取得しても、債権者がそれを行使しないまま、法律で定める一定期間が過ぎてしまうと、時効により債権は消滅します。

債権の消滅時効期間は原則として、商行為によって生じたものが5年、商行為によらないものが10年となっており、それより短いものもあります（次ページの図参照）。ただし、消滅時効が成立しても、債務者が「消滅時効が満了したので支払はしない」という意思表示（**時効の援用**）をして初めて支払わなくてもいいことになります。

消滅時効は権利を行使できる時点から進行していきますが、時効期間が満了する前に、債権者が権利を行使したり、債権の存在を認めたときは、それまで進んでいた時効期間はゼロとなり、改めて時効期間がスタートします。これを「時効の中断」と言います。

民法は中断の事由として、次の3つを挙げています。

①請求

消滅時効の例

債権名	具体例	年数
一般民事債権	個人間の貸金債権	10年
商事債権	商行為全般	5年
不法行為債権	事故の損害賠償請求権	3年
ＰＬ法の製造物責任	欠陥製品による損害賠償請求権	3年
「技師、棟梁、請負人」の債権	土木工事請負代金債権	3年
商品売却（卸売・小売）代金	売掛債権	2年
給料債権	給料、賞与の債権	2年
「労働者・芸人」の債権	大工、俳優、歌手の報酬	1年
「旅店、料理店、貸席、娯楽場」の債権	宿泊費・飲食代金など	1年
手形債権	約束手形の振出人に対する請求権	3年
小切手債権	小切手の振出人に対する請求権	6カ月

債権者が自己の権利を主張することです。ただし、前項で説明した催告は催告から6カ月以内に裁判上の請求や執行手続をとらないと時効中断の効力が生じません。

②差押え・仮差押え・仮処分

差押えは確定判決などに基づいて行われる強制執行行為で、最も強力な権利の実現行為です。仮差押え・仮処分は強制執行が著しく困難となる恐れのある場合に、執行機関によって行われる強制執行の保全手段です。

③承認

債務者が債権者に対して債務の存在を認めることです。認めた日の翌日から再び消滅時効期間が始まりますので、必ず日付や相手の署名の入った文書を作成してもらいましょう。

6 債権回収の準備

債権回収は一般に債務者の債務不履行に対して、債権者が督促（催告）を行うことからスタートします。しかし、債務不履行が起こるのには何らかの原因があるはずで、それを事前に察知していれば、いざ債務不履行が起こった際でも後手に回らない迅速な行動がとれるはずです。

債務不履行が起こる原因として最も恐れなくてはならないのは債務者の経済的危機ですが、相手の何気ない様子からでもその徴候をつかむことができます。

①経営者の様子

顔色が悪かったり、いつも不機嫌だった場合は、会社の業績が思わしくない可能性があります。また、社内にいないことが多かったり、出退社の時間が一定していない場合は、金策に駆けずり回っている可能性があります。

②社員の様子

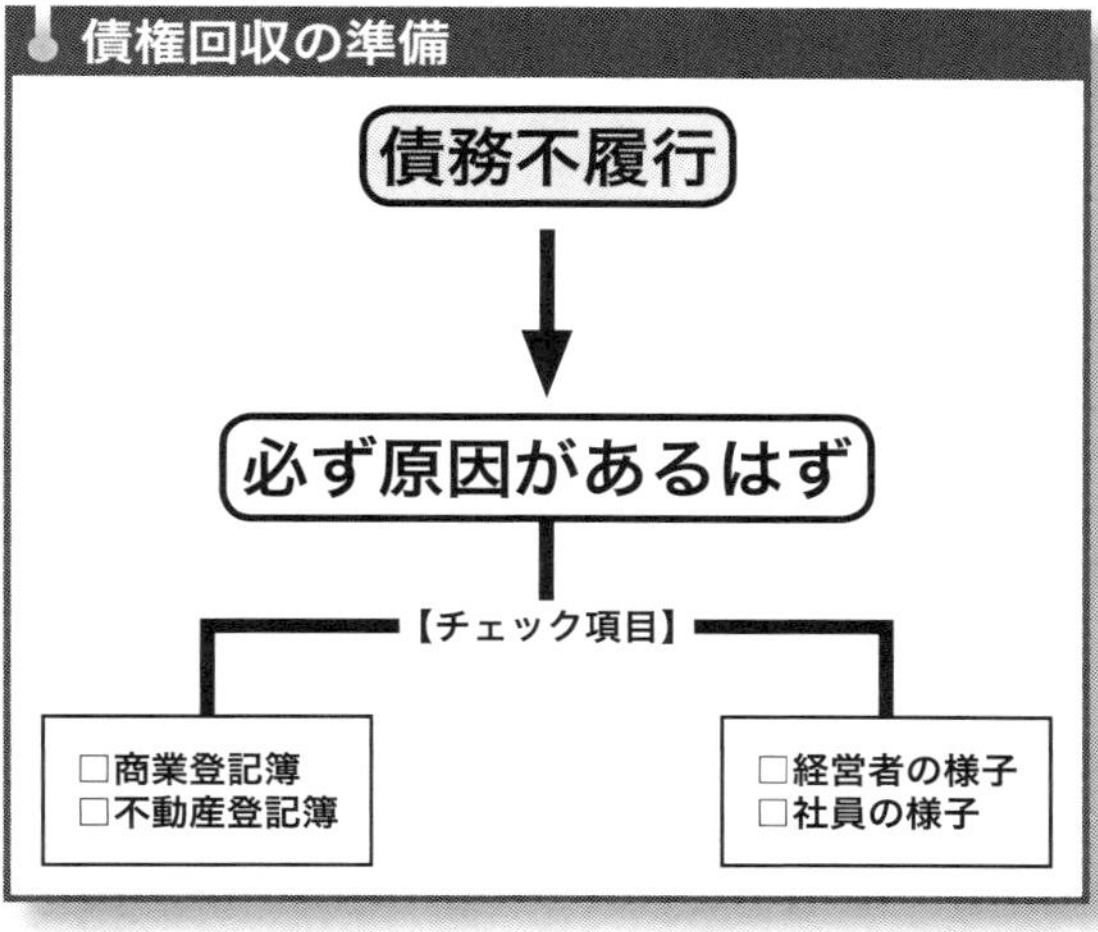

全体的に活気がなくなって、士気が落ちている場合は、業績不振による沈滞ムードが蔓延している可能性があります。

以上の例は感覚的なものですが、このほか、債務者の商業登記簿や不動産登記簿を法務局でチェックすることで、債務者の社内に異変が起こった事実を知ることができます。

たとえば、商業登記簿で複数の取締役が一時に退任していたり、解任された取締役がいる場合は、社内で内紛が勃発しているか、経営状態がよくないことを示唆している可能性があります。また、不動産登記簿は、差押えや仮差押えの有無、抵当権の設定状況を調べて、債務者の資産や負債の状況を調べることができる非常に有益な情報源です。

7 債権回収のスタート　催促（請求）

債権回収の実質的スタートとなるのが催告（請求）です。債務者による債務不履行に対して、債権者が履行を促す行為です。

催告は口頭による方法と文書による方法の2つがあります。

①口頭による催告

面談や電話で催告を行う場合、何についての債務を、いつ、どのような方法で支払うかをはっきりさせます。できれば、メモなどにした上で、その場で相手の署名をもらうか、後日覚書の形で差し入れるのがいいでしょう。

②文書による催告

請求書を再発行したり、催告書を送付するのも催告の手法の一つですが、最も効果が高いのがこれらを配達証明付きの内容証明郵便の形で相手に送ることです。

内容証明郵便は、どのような内容の文書を、いつ誰から誰へ発送し、いつ相手方に配達

催告書の文例

> **催告書**
>
> 前略　当社は貴社に対し、平成○年○月○日当社商品×××を販売し、同日納品しました。
>
> 　しかし、支払い期日の平成○年○月○日に売買代金の支払いがなく、その後も、当社の請求にも関わらずお支払い頂いていません。よって本書面をもって改めて金○○円の支払いを請求します。なお、本書面到達後１週間以内にお支払い頂けないときは何らかの法的措置をとらざるを得ないことを念のため申し添えておきます。
>
> 　平成○年○月○日

されたかを郵便局が証明してくれるものです。内容証明郵便が届いたからといって、相手方に回答や履行の義務が発生するわけではありませんが、相手方に強い姿勢を示し、心理的にプレッシャーをかける効果があります（逆に言うと、今後も友好的な関係を維持していきたい相手に対して使うのは慎重に考えるべきです）。

　内容証明郵便を送る場合、以下の点に注意します。

①金額と内訳を明確にする
②支払期限を具体的に区切る
③支払場所や支払方法をはっきりさせる
④支払がされない場合は、法的手続をとる旨の表示をする

8

交渉による回収① 代物弁済

代物弁済は、債権の本来の給付に代えて、他の給付をすることによって、債権を消滅させる債権者と弁済する者の契約です。

たとえば、商品の仕入代金がどうしても払えないときに、お金ではなく、他のもの（家財道具、商品在庫、自動車などの動産、土地などの不動産）を引き渡して弁済するようなことを言います。

代物弁済で注意すべき点がいくつかあります。

まず、代物弁済は当事者双方の合意の下に行われなければなりません。つまり、債権者が債務者のところにやってきて、勝手に商品や金目のものを持ち帰るのは、「自力救済の禁止」から、代物弁済にならないどころか、窃盗罪に問われる可能性があります。したがって、必ず契約書を交わすようにしましょう。

また、代物弁済において、代わりに受領する物の価格は関係ありません。たとえば、1

代物弁済の要件

① 債権が存在すること

② 本来の給付と異なる給付がなされること

③ それが「本来の弁済に代えて」なされたこと

④ 債権者の承諾（結果的に当事者の合意となる）

００万円の債権に対して、１００万円相当の価値があると思った品物を代物弁済として受け取ってしまった後、実は80万円程度の価値しかないことがわかっても、代物弁済はすでに有効に行われているので１００万円の債権は消滅してしまいます。差額を請求することはできません。したがって、代物弁済には物に対する値ぶみが実務的には大事です。

　この代物弁済をあらかじめ予約しておくことで、その物を担保に入れたのと同じ状態に置くという方法が代物弁済予約で、これに対しては仮登記担保法が適用されます。

9 交渉による回収② 債権譲渡

債権譲渡とは、債務者が他に有する金銭債権を譲り受けることです。

たとえば、Ａ社から１００万円を借りているＢ社が期日までに返済できず、Ｃ社に対して持っている債権１００万円をＡ社に譲渡することで、Ａ社に対する債務を消滅させるようなケースを指します。

債権譲渡は譲渡人（Ｂ社）と譲受人（Ａ社）との合意によって成立します。以後はＡ社は第三債務者（Ｃ社）に対して債務の履行を請求することになります。

しかし、それにはＢ社の債権がＡ社に譲渡されたことをＣ社が知る必要があります。そこで、Ａ社がＣ社に対して債権を請求するには、Ｂ社がＣ社に対して債権をＡ社に譲渡したことを①通知するか、債権譲渡についてＣ社の②承諾を得ることが必要となります。

①通知……内容証明郵便で譲渡人から第三債務者へ行わなければなりません。

②承諾……第三債務者から公正証書の形でもらいます。

債権譲渡できない債権

① 債権の性質上、譲渡が許されないもの
例：債権者が変わってしまうと債権の内容自体が変わったり、特定の債権者に給付がなされるのがその債権の重要な意義である場合

② 法律上、譲渡の制限があるもの
例：恩給の受給権や社会保険において保険給付を受ける権利

③ 当事者が譲渡禁止の意思表示をしたもの
例：当事者が契約で譲渡禁止の特約を定めた場合

実際には①通知の方法を使うことが一般的です。第三債務者の承諾は非常に親しい関係でないかぎり時間がかかるものであり、また同じように債権譲渡を受けた他の債権者が譲渡人に通知をさせてしまえばそちらが優先されてしまいますので、債権を譲渡されたらただちに譲渡人に告知をさせる必要があります。これも内容証明の通知書を自分で作成して、それに譲渡人に署名捺印させ、第三債務者への通知の発送も自分でやるというくらいのスピーディーな対応が求められるケースもあります。

なお、上の図に挙げた債権は譲渡することができません。

10 交渉による回収③　債権の二重譲渡への対応

相手が倒産したとか、倒産しそうだという噂が広まると、多くの債権者が回収の競争に入ります。担保をとっていれば別ですが、そうでない場合は一刻を争う問題となります。特に債権譲渡は債権回収の有力な手段として誰もが目をつけるため、二重に譲渡されることが珍しくありません。倒産の危機に瀕した相手がその場を切り抜けるために、二重どころか、三重、四重に債権を譲渡してしまうからです。

このような場合、前述したように、「どちらがより早く譲渡人から第三債務者に通知させたか、あるいは第三債務者から承諾を得たか」がポイントとなります。実際には、第三債務者への通知が現実的です。

したがって、倒産の情報収集が遅かったばかりに回収の当てにしていた債務者所有の債権をタッチの差で他の債権者が譲り受けてしまったとしても、あきらめる必要はありません。他の債権者に先に債権を譲渡されてしまったとしても、知らん振りをして自分も譲り

債権譲渡通知書の例

債権譲渡通知書

前略　当社が貴殿に対して有しております後記の債権につき当社の都合により後記表示の譲受人へ譲渡いたしますので通知いたします。これ以後は譲受人へ直接お支払い下さいますようお願いいいたします。

譲渡債権の表示
一、種類　貸金債権（平成○年○月○日付）
二、金額　元金五〇〇万円及び利息金金額

譲受人の表示
東京都港区南青山○丁目○番地○号
青山次郎

平成○年○月○日
東京都港区赤坂○丁目○番地○号
譲渡人　赤坂商事株式会社
代表取締役　赤坂三郎　㊞

東京都練馬区富士見台○丁目○番地○号
富士太郎殿

受け、先に譲り受けた者よりも早く通知を出せばいいのです。

　ここで重要なのが通知の日付です。確定日付のある通知が２つ以上あった場合、優先権を持つのは「確定日付の年月日」が早い方ではなく、「確定日付つきの通知の到達」が早い方であることに気をつけましょう。

　したがって、確定日付を公証人役場で早く取得しても、その通知が第三債務者に届かなければ優先権はありませんし、内容証明郵便を出しても第三債務者への到着が他より遅ければ優先権はありません。

　つまり、取引先が倒産の危機に瀕しているような場合は、配達証明付内容証明郵便を速達で送ることが最も確実な方法です。

11 交渉による回収④　代理受領

前項で解説した債権譲渡とよく似た回収方法に代理受領というものがあります。

これは債務者Ｂ社が第三債務者Ｃ社に対して持っている債権の受領を債権者Ａ社に委任し、Ａ社がその委任契約に基づいてＣ社から金銭を受領することを言います。

Ａ社が第三債務者であるＣ社から回収するという意味では債権譲渡と同じですが、三者の法律関係が異なるため、代理受領は債権譲渡と比べ、次のようなメリットがあります。

①債権譲渡では譲渡禁止債権を譲渡することはできないが、代理受領では可能である

②債権譲渡では第三者債務者への通知か承諾が必要だが、代理受領では不要である

③債権譲渡に比べて、債務者の対外的信用が低下しない（心理的抵抗が少ない）

しかし、債権譲渡が第三債務者への通知によって優先権を得ることができるのに対し、代理受領はそのような優先権を得る手段がありません。また、第三債務者との関係においても、債権譲渡の場合、債権者は新たな権利者として行動できるのに対し、代理受領にお

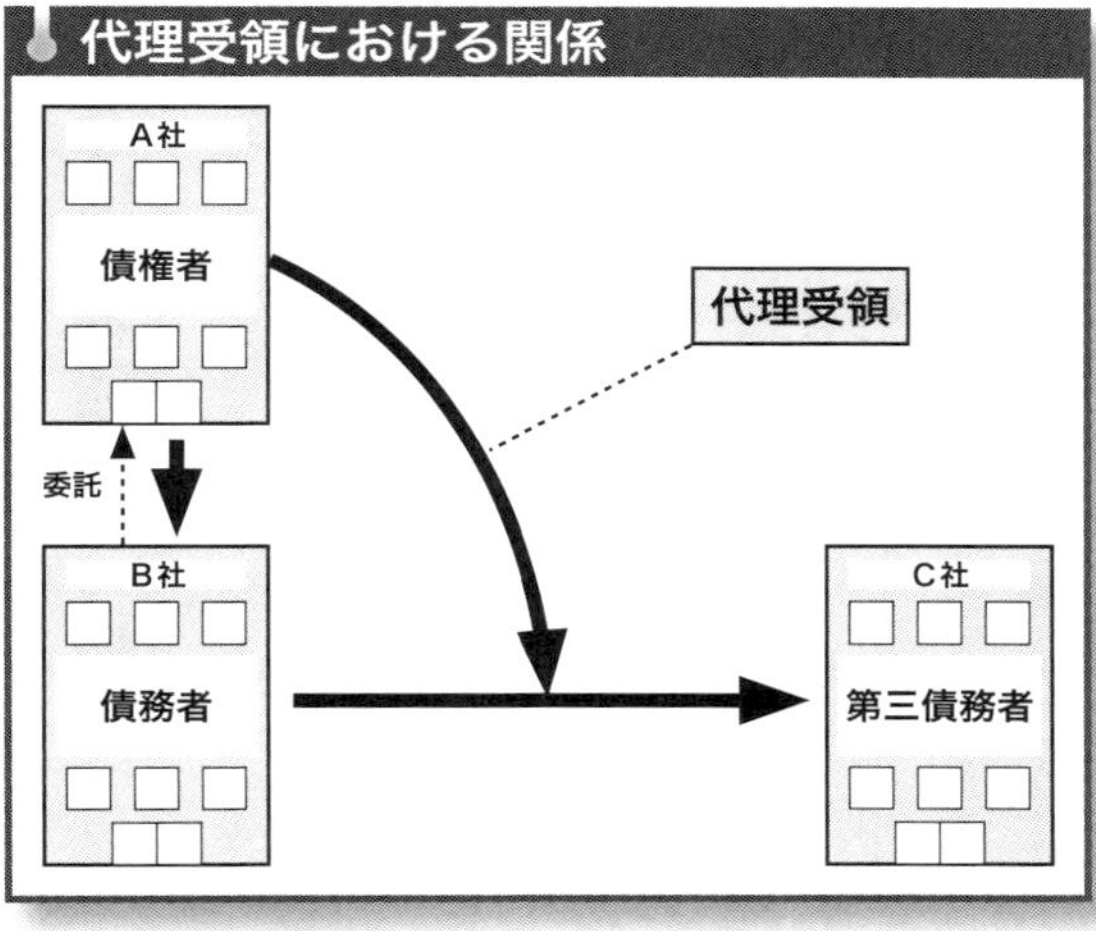

いては、取立ての委任を受けただけであり、法的立場は弱くなります。そして、委任契約を債務者から解除される恐れもあります。

したがって、代理受領で債権回収を行う場合は、債権者の法的立場が債権譲渡と比べて弱い分、債務者および第三債務者に対して良好な関係を築くことが大事だと言えます。

具体的には、債務者を伴って第三債務者のところに直接集金に行き、両者がすべてを合意した形で受領するのがベストです。

なお、債務者から受領の委任を受けた形である以上、債権者のミスで第三債務者への請求が遅れ、万が一消滅時効を成立させてしまった場合、逆に債務者から損害賠償を請求されることがあるので注意しましょう。

12 交渉による回収⑤　相殺

相殺とは、債権者と債務者がお互いに同種の債権・債務を持っている場合に、一方の当事者の意思表示により、債権債務を対当額（同額）で消滅させることです。

相殺する場合は、相殺したい者が相手に対してその意思表示を通知するだけでよく、相手方の了承は必要ありません。口頭でも可ですが、書面で行うのが望ましいでしょう。

相殺が成立するには、原則として次の４つの要件が必要とされ、これらを満たす状態を相殺適状と言います。

①双方に債権債務の対立があること

当事者（債権者と債務者）が相互に相手に対して債権を持っていることです。したがって、原則として第三者の持っている債権を自分の債権として相殺することはできません。

②双方の債務が同じ目的を持っていること

たとえば、金銭の支払を目的とする債権と商品の引渡しを目的とする債権を相殺するこ

債権の相殺が許されないケース

① **当事者間で相殺の禁止を決めている場合**
例：契約に相殺禁止の特約がある場合。ただし善意の第三者には対抗できず

② **不法行為による損害賠償債務**
例：交通事故を起こして被害者に損害賠償責任を負う者が被害者へ債権を持っていたとしても相殺することはできない

③ **差押えを禁止されている債権**
例：労働者の賃金

④ **債務が差押えを受けてから債権を取得したとき**
例：差押え後に新たに債権を有しても相殺することはできない

⑤ **債権が株主払込請求権である場合**
例：株式会社の資本金の出資を同じ会社の債権と相殺することはできない

とはできません。実際には両債務とも金銭債権であることが一般的です。

③双方の債務に弁済期が来ていること

民法の規定では両債務とも弁済期が到来していなければ相殺できないとされていますが、実際には相手方に対する債権が弁済期となっていればいいとされています。なぜならば、自分の債務については、弁済期が到来していなくても、期限の利益を放棄することによって、期限到来前でも弁済することが可能だからです。

④債権債務の性質が相殺を許さないものではないこと

上の図に挙げたようなケースでは、相殺することができません。

13 交渉による回収⑥　代位弁済

債務者自身が支払いのできない状況に陥っていたとき、債務者の両親や兄弟、あるいは関連会社などに上手に交渉すれば、世間体や社会的信用、取引上の配慮などから、債務の支払に応じてくれる場合があります。このように債務者以外の第三者が弁済することを代位弁済と言います。

たとえば、住宅ローンの支払で、ローンの支払が滞った際に、ローン利用者の代わりに、信用協会などが残りのローンを払うことも代位弁済の1つです。

ただし、民法は、「第三者の弁済」について、次の3つの例外を規定してします。

①債務の性質上、第三者の弁済が許されない場合

たとえば名優の出演債務などがこの例に当てはまります。

②利害関係のない第三者の弁済で債務者の意思に反するもの

たとえ債権者の承諾があっても、債務者の意思に反する弁済は無効となります。この

第三者の弁済が認められない場合

① 債務の性質上、第三者の弁済が許されない場合

② 利害関係のない第三者の弁済で債務者の意思に反するもの

③ 当事者が反対の意思を表示したとき

「利害関係」は法律上の利害関係であり、債務者の親族や友人は事実上の利害関係と言われます。そのため、債務者の親族や友人が第三者として債務の弁済を行うには、債務者の同意が必要です。したがって、第三者による弁済を受けることになった債権者は、債務者から同意書を得ることを忘れないようにしなくてはなりません。

③当事者が反対の意思を表示したとき

契約などでそうした内容を合意していたら、それが尊重されます。

なお、この第三者による弁済が有効の場合、債務者の債務は消滅します。そして、その後は、弁済者が債務者に対して求償するという関係が残ることになります。

14

交渉による回収⑦　回収時の注意事項

債権回収に熱心なあまり、無意識のうちに強引な取り立てを行ってしまうことがあります。以下のような行為について気をつけましょう。

①逮捕監禁罪

債務者を呼びつけて、一室で延々何時間も吊るし上げたり、書類にサインするまで部屋から出さないのは、債務者の自由を奪うものとして監禁罪が成立する可能性があります。

②脅迫罪

返済や支払を迫ること自体は違法行為ではありませんが、返済しなければ害を及ぼす旨を告げて相手を畏怖させるような言動をすると脅迫罪が成立します。債務不履行の常習犯者の中にはわざと債権者を激高させるような振る舞いをして脅迫罪が成立するように仕向けるしたたか者もいますので注意しましょう。

③強要罪

債権回収に熱心なあまり、逆に犯罪行為を犯してしまうことに気をつけましょう

債権回収の過程では債務者にサインさせたいさまざまな書類がありますが、相手が同意していないのに無理強いするために暴行や脅迫を行うと、強要罪が成立します。

④住居侵入、不退去罪

債務者が面会を謝絶したり、立入りを禁止しているのを無視して上がり込んだり、なかなか帰ろうとしない場合、相手の誠意の有無やその他の状況にもよりますが、住宅侵入罪や不退去罪が成立する恐れがあります。

⑤業務妨害罪

回収に熱心なあまり、相手に執拗につきまとったり、営業に出かけようとする相手の車のキーを抜いてしまったり、工場の電源を落としたりすると、業務妨害罪が成立します。

15 法的手段による回収① 概要

これまで説明してきた「交渉による回収」とは、債権者の請求に対して債務者が支払に応じるという当事者だけで問題解決を図ることを目的にしたさまざまな手法でした。

しかし、現実には債務者が交渉に非協力的だったり、あるいは支払能力がなかったり、万が一倒産や破産の危機に直面している場合は、当事者の交渉では埒があかず、まごまごしていると、何も回収できないという状況に陥ります。

そこで、そのような場合は、裁判所という国家機関の力を借りた「法的手段による回収」を検討することになります。

法的手段による回収にもいくつかの手法がありますが、主に次の2つに分類できます。

①保全処分

債務者の財産に対して、仮差押や仮処分を裁判所に申請し、勝手に処分したり、他の債権者に弁済させなくすることです。直接的な回収の方法ではありませんが、相手にプレッ

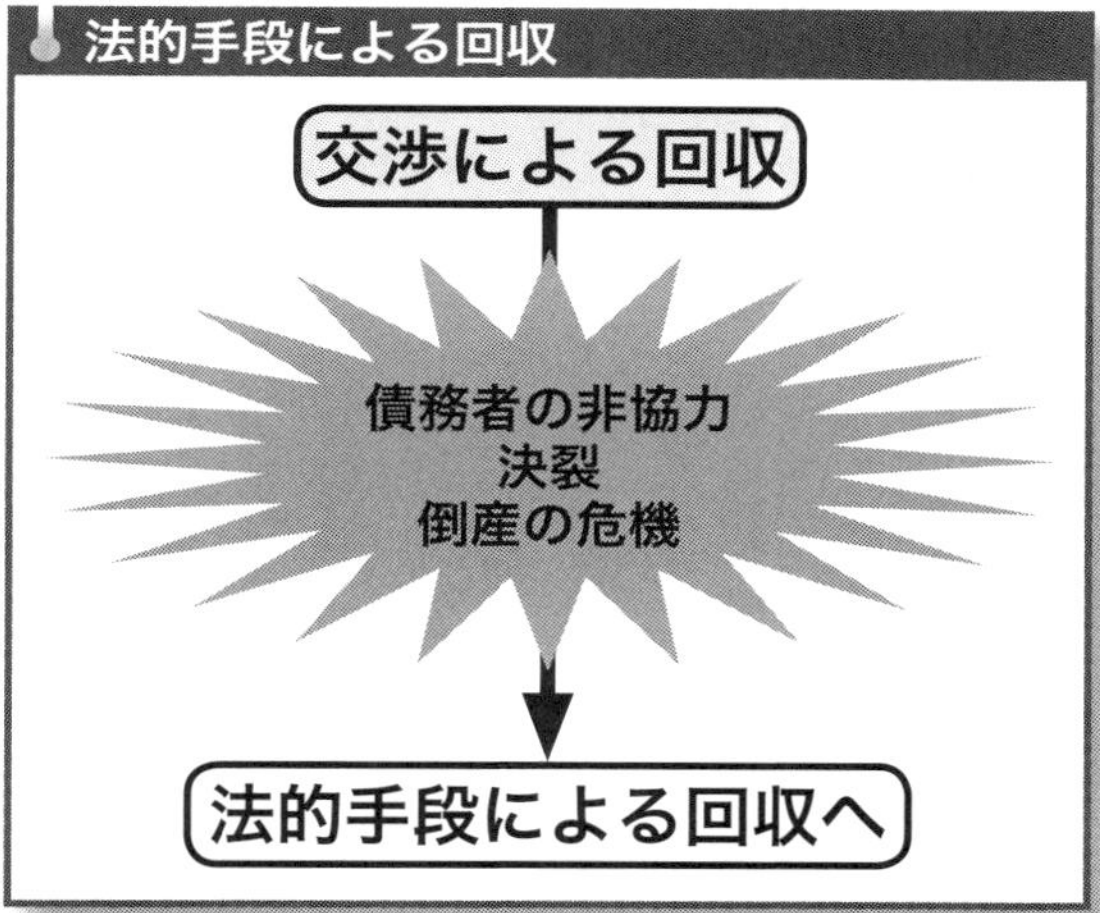

シャーをかけて弁済を促す効果があります。

②強制執行

裁判所から強制執行を正当化する文書、すなわち債務名義を得て、強制的に取り立てることです。訴訟を起こさずに簡易裁判所の簡易手続を利用して債務名義を得る即決和解や支払督促、民事調停といった方法と、本格的に訴訟を起こし、判決によって債務名義を得る方法があります。

法的手段による回収は、交渉による回収と違って、現実には弁護士の力を借りることになります。訴訟ともなれば、時間も手間もコストもかかりますので、どのような方法をどのように使うかについて、管理者としても基本的な知識をおさえておきましょう。

16 法的手段による回収② 保全処分

債務者が非協力的で、訴訟で決着をつけなくてはならない事態になったとします。しかし、訴訟には長期間かかるため、債権者が勝訴判決を得て強制執行の申し立てをするまで前に、債務者が財産を隠匿・分散したり、消費してしまったり、他人の名義に移してしまう可能性があります。あるいはめぼしい財産を他の債務者に取り立てられてしまって、強制執行しようにもすでに何も残っていない可能性もあります。

このような債務者による財産処分を防止するために、あらかじめ（主に訴訟前に）債務者の財産を凍結（保全）しておくことを、保全処分と言います。保全処分は、手形などの金融債権を保全する仮差押と、それ以外の債権を保全する仮処分の２つがあります。

保全処分は本来は債権保全の応急処置的な方法であり、直接的な債権回収の手段とは言えませんが、債務者が嫌がるようなタイミングと目的物を選ぶことで、不誠実な債務者に大きな心理的（時には物理的な）プレッシャーをかけて、弁済を促す効果があります。

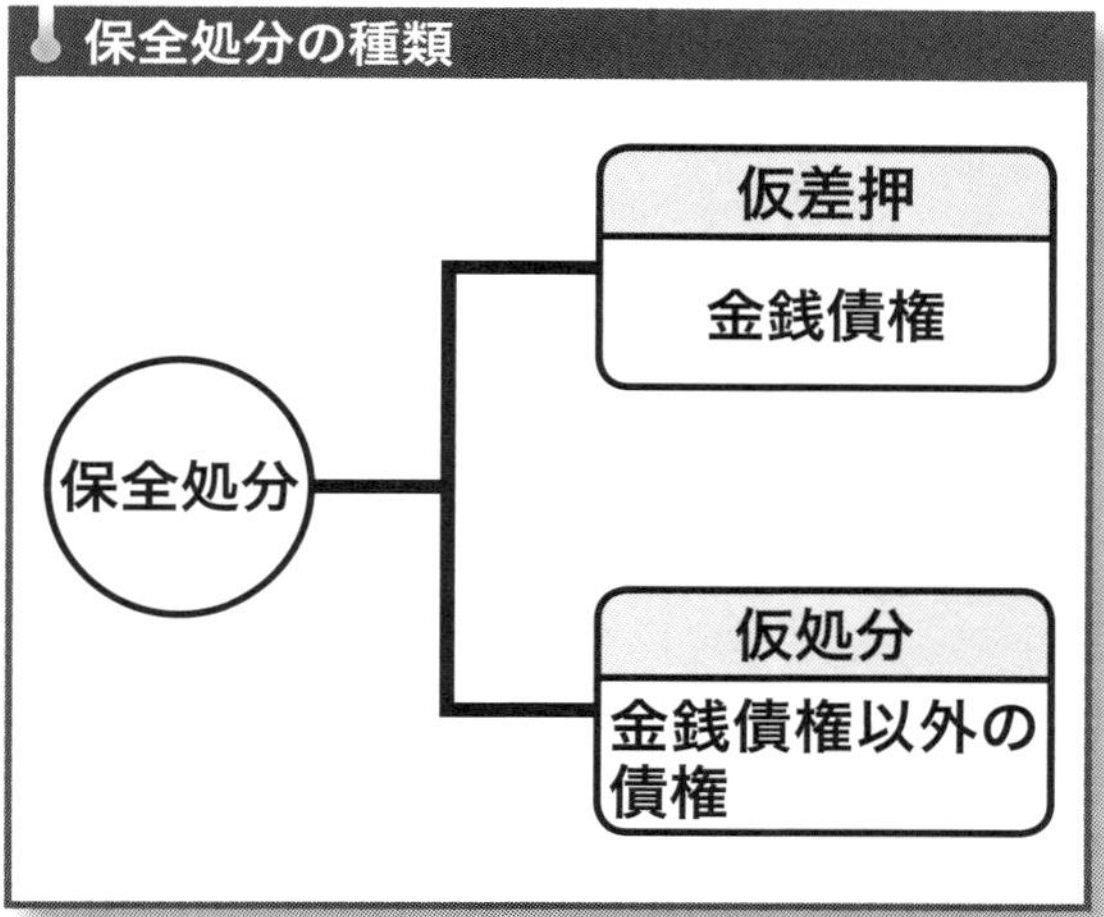

保全処分の種類

　たとえば、債務者の銀行口座を仮差押したとします。この口座が債務者にとって自社の社員の給料を振り込むための口座であった場合、大変な騒ぎになることが予想できます。なぜなら、給料振込の口座を差し押さえられるということは社員に給料を払うことができないことを意味するからです。また、差し押さえられた口座の銀行もその会社に事情説明を求めることでしょう。他の債務者に仮差押の情報が漏れる可能性もあります。

　このように、仮差押や仮処分などの保全処分を有効に使うことや、そのために取引先の銀行口座や資産などの存在を調査できる準備をいつでもできるようにしておくことが大切です。

17

法的手段による回収③　仮差押

保全処分のうち、仮差押は「売掛債権や手形債権などの金銭債権の執行を保全するために、相手方の財産を仮に差し押えて、それを確保すること」を言います。

したがって、仮差押には次の2つの要件を裁判所に認めてもらうことが必要です。

①保全されるべき（回収すべき）債権があること

②仮差押しなければならない必要性があること

実際の仮差押の手続は、裁判所（簡易裁判所か地方裁判所）に仮差押を申し立てて、次の書類を提出します。

①仮差押命令申請書……被保全権利の存在と保全の必要性に関する事実を記載します

②疎明資料……契約書等の書類と債権者が経過を説明した報告書です。通常の裁判で判決を得るには、事実を証明、つまり裁判官に「事実と間違いない」と確信させなくてはなりませんが、仮差押の場合は疎明、すなわち裁判官に「確からしい」と信じても

仮差押えできない財産

① **差押禁止債権**
例：給料・賃金・賞与およびこれらに準ずる給与の４分の３に相当する部分、退職金およびこれに準ずる給与の４分の３に相当する部分、年金受給権、恩給権、健康保険給付請求権、失業保険受給権など

② **差押禁止動産**
例：衣服・寝具・台所用品・畳・建具などの生活必需品、実印、仏像、位牌、日記、商業帳簿、義手・義足など身体の捕捉に必要なもの、防災・保安のための消防用機器、非難器具など

※上記以外の財産で譲渡可能なものはすべて仮差押可能

らえる程度で十分とされます。

仮差押は通常の裁判と異なって、相手方に知らせることなく、書面の審理だけ、あるいはそれに申立人の事情聴取だけで命令を出します。これは仮差押が緊急を要する上、相手方に知らせてしまうと保全の目的が達成されないからです。実際、命令は2～3日で出されることがほとんどです。

このように仮差押は、簡単な書面審理と申立人の事情聴取で行うものなので、正式な裁判で申立人たる債権者が勝つとは限りません。したがって、仮差押命令には、担保として高額（一般に目的物価格の2～3割）の保証金を供託しなくてはなりません。この保証金の額は裁判所が事件ごとに具体的に決めます。

18

法的手段による回収④　仮処分

仮処分とは、保全処分のうち、金銭債権以外の債権の執行を保全するために、裁判所が出す財産保全命令のことです。

仮処分は、①現状凍結型の仮処分と②権利実現型の仮処分の２つがあります。

①現状凍結型の仮処分

たとえば、売買契約を解除しても納品した商品の引き渡しに取引先が応じず裁判になったとします。この場合に、判決を得て強制執行しようとする前に、その商品の占有が他人に移されたり、売却や質入などの処分をなされるのを防ぐために行うのが、この現状凍結型の仮処分です。いわゆる占有移転禁止の仮処分や処分禁止の仮処分が該当します。

②権利実現型の仮処分

前述の例のように、相手方が商品の引き渡しを拒む理由がなく、しかも処分禁止の仮処分をしているとします。それにより商品価値が陳腐化するなどの特別な理由がある場合に

仮処分

① 現状凍結型の仮処分

② 権利実現型の仮処分

おいて、商品の引き渡しそのものを裁判所に命令してもらうことが、権利実現型の仮処分です。「満足的仮処分」や「断行の仮処分」と言われます。

ところで、仮処分が行われるのには、次の２つの要件があります。

①保全されるべき債権を有していること

②保全しなくてはならない必要性

仮処分の手続は前述の仮差押と同様、仮処分命令申請書と疎明資料の２つを提出します。そして当然ながら供託金が求められます。前述の「断行の仮処分」の場合、万が一、後になってその仮処分が不適切であったとすると、相手方は大きな不利益を被るため、保証金も高くなるようです。

19 法的手段による回収⑤ 公正証書

債務者が交渉による任意の支払に応じない場合、裁判所から債務名義を得て強制的に回収をかけることができるのは前述したとおりです。

債務名義には、後述する確定判決や和解調書、調停調書、仮執行宣言付支払督促などがありますが、実は裁判所を経ずに債務名義を得ることができる方法があります。それが、ここで説明する公正証書です。

公正証書は、公証人と呼ばれる公務員が、当事者の意思に基づいて作成した文書です。高い証明力を持つと同時に、「契約不履行の際は強制執行を受けても異議のないことを承諾する」という条項があれば、それがそのまま債務名義となるのです。

公正証書は、当事者双方あるいはその代理人が、契約書などの必要書類と印鑑証明書、および実印を持参して公証人役場に行き、証明してもらいたい内容を公証人に説明して作成してもらいます。他の債務名義を得る方法と比べて、時間や労力をかけずにつくること

公正証書の例

債務承認弁済契約公正証書

本公証人は平成○年○月○日、当事者の嘱託により、標題の契約に関し、以下の陳述の趣旨を録取して、この証書を作成する。

第壱条（債務の承認）債務者株式会社 ××（代表取締役○○、以下乙という）は、債権者株式会社 ×××（代表取締役○○、以下甲という）に対し、平成○年○月○日、金○○円の債務を負担していることを承認し、その弁済を約した。
上記債務は、平成○年○月○日から、平成○年○月○日までの間の商品代買掛金の合計額である。

（省略）

第七条（執行認諾）債務者乙と連帯保証人丙は、本証書記載の金銭債務を履行しないときは、直ちに強制執行に服する旨を陳述した。

ができるので、債務者が公正証書の作成に抵抗しなければ、迷わずに作成しましょう。

ただし、公正証書で行うことのできる強制執行は、金銭の取り立てだけに限られます。たとえば、契約に違反した場合の債務者やそれに関連した保証人などの財産に差押えをかけ、それを競売にかけて債権額相当の満足を得るような場合のみで、一定の物の引渡しをさせることはできません。

また、公正証書で強制執行をできるようにするためには、次の要件が必要です。

①公正証書の中に一定額の支払が明記されていること

②公正証書の中に、前述の強制執行認諾文言が記載されていること

20 法的手段による回収⑥　即決和解

即決和解とは、簡易裁判所に和解の申立てを行い、当事者双方が合意した和解の内容を裁判所が確認して、和解調書を作成することを言います。この和解調書が債務名義になるというわけです。

即決和解は当事者間で大筋の合意ができているときにメリットがある方法です。相手方と争っている関係ではなく、積極的な協力が期待できる場合に適しています。

また、即決和解は公正証書とは異なり、金銭債権に限定されないことが特徴です。たとえば、金銭債権以外の契約解除に基づく商品の取り戻しや、代物弁済による商品の引き渡しなどは、公正証書では債務名義としての効力を得ることができません。さらに、金銭債権においても、契約書に譲渡担保の規定を盛り込んで支払を確実にしたいという場合にも、即決和解は力を発揮します。

また、即決和解の申立てには時効の中断の効力があります。ただし、和解が不成立の場

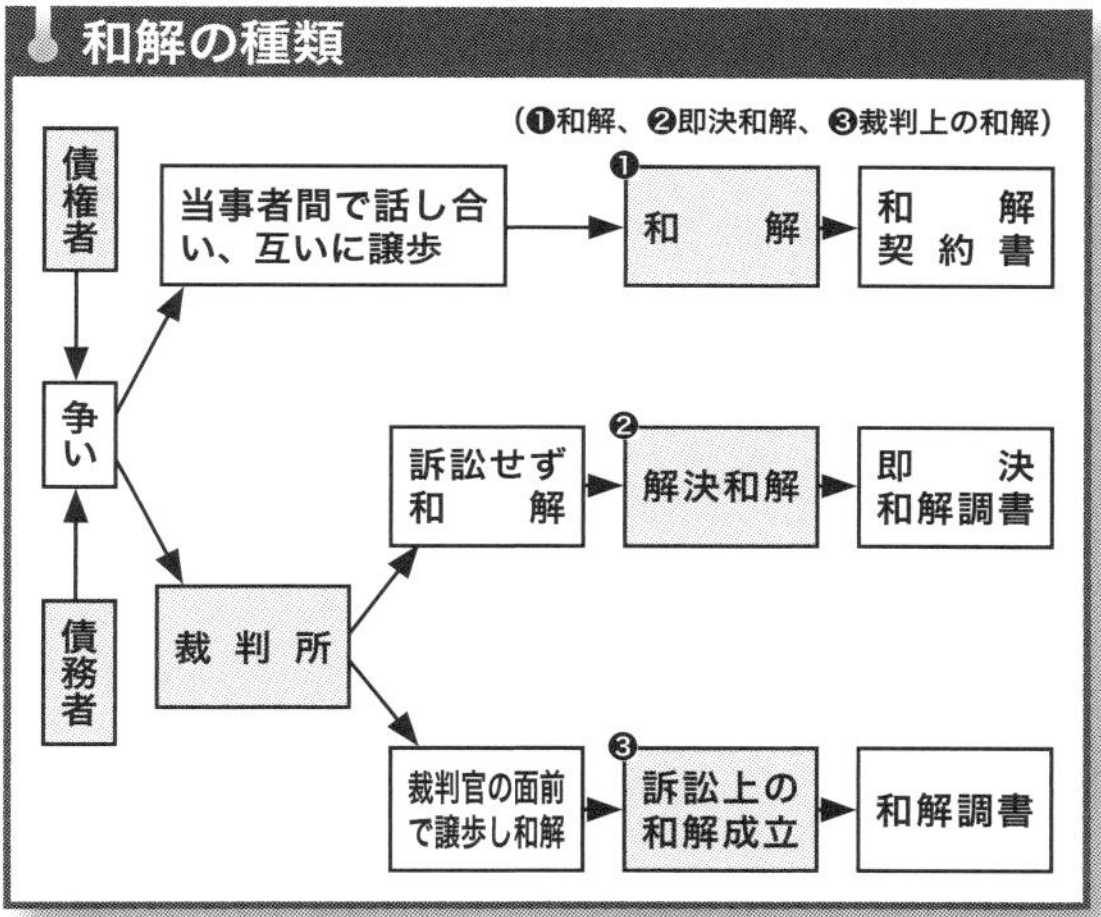

合は、１カ月以内に訴訟を起こさなければ、時効中断の効果は維持することができません。

なお、即決和解の申立ては、口頭でも可能ですが、通常は以下の２つを書面にし、２０００円の印紙を貼付して、相手方の住所を管理する簡易裁判所に提出します。

①当事者の表示

②申立ての趣旨および争いの実情（紛争の内容）

さらに、当事者間の話し合いで決まったことは、「和解条項」として別紙で添付するようにします。

当事者双方が裁判所に出廷し、和解条項が勧告され、和解が成立すると、和解調書が作成されます。

21

法的手段による回収⑦　民事調停

民事調停とは、当事者双方が調停委員を交えて裁判所で話し合いを行うことです。調停が成立すれば、裁判所によって調停調書が作成され、申立てによって双方に送付されます。この調停調書が債務名義となります。

民事調停は、債権者と債務者のどちらからでも申立てをすることができます。相手方の住所地などを管轄する簡易裁判所に、申立書に請求額に応じた印紙、証拠書類を添えて申立てを行います。その後１カ月ほどで裁判所から調停の期日や場所などが記載された呼出状が送られてきます。

実際の調停では、まず裁判官と民事調停委員２名以上からなる調停委員が個別に各当事者の言い分を聞き、その後調停委員を交えた双方の話し合いを行い、調停案が作成されます。

調停が成立すれば、調停調書が作成されますが、調停が不成立の場合、２週間以内に民

調停申立書の例

調停申立書

収入
印紙

平成○年○月○日

東京簡易裁判所御中

申立人　青山次郎　㊞
東京都南青山○丁目○番○号
申立人　青山次郎
東京都港区赤坂○丁目○番○号
相手方　赤坂三郎

貸金請求調停事件
訴訟物の価格　金○万円
貼用印紙　　　金○○円

申立の趣旨
相手方は申立人に対し金○万円及びこれに対する平成○年○月○日より支払済に至るまで年五分の割合による金員を支払え、訴訟費用は相手方の負担とする、との調停を求める。
申立ての原因
1．申立人は平成○年○月○日、相手方に対し金○万円を弁済期同月末日の約束で貸渡した。
2．しかし相手方は、期限がきても支払いをしないので、本申立に及んだ。

添付書類
1．借用書（写）　　1通

事訴訟を提起すれば、最初から民事訴訟を提起したものとみなされ、その際、調停の申立書に貼付した印紙は訴状の印紙として流用できます。したがって、民事訴訟を起こす前には、だめもとのつもりで民事調停の申立てをしてみることを考えてみてもいいでしょう。

なお、民事調停は、後述の訴訟と比較して、次のような特徴があります。

①調停は訴訟と異なり、非公開である
②当事者同士の話し合いが基本であるため、円満な解決が期待できる
③弁護士に依頼しなくても自分で手続することができるので、費用が安く済む
④調停内容は債務者も納得しているので、履行の可能性が高い

22

法的手段による回収⑧　支払督促

支払督促とは、裁判所が債権者だけの言い分に基づいて、債務者に対して金銭債権や一定の有価証券の請求について、支払を命ずることを言います。

支払督促は、債務者の異議申立てがなければ、証拠調べなどがなく、手続は速く進行することが特徴です。したがって、当事者間に争いのないケースに向いていると言えます。また、弁護士に依頼せずに自分で手続を進めることも可能で、費用が安くすみます。

支払督促の申立てをしたい債権者は、債務者の住所地を管轄する簡易裁判所に支払督促申立書に添付書類を添えて提出します（郵送可）。申立てを受理した裁判所の書記官は、当事者を呼び出して事情を聴取したり、証拠を提出させるなどといったことは一切せず、債権者の申立内容を形式的に書類審査します。そして、問題なしと判断したら、支払督促正本を債務者へ、通知書を債権者に送達します。

債務者から支払督促を受領した翌日から2週間以内に異議申立てがなければ、それから

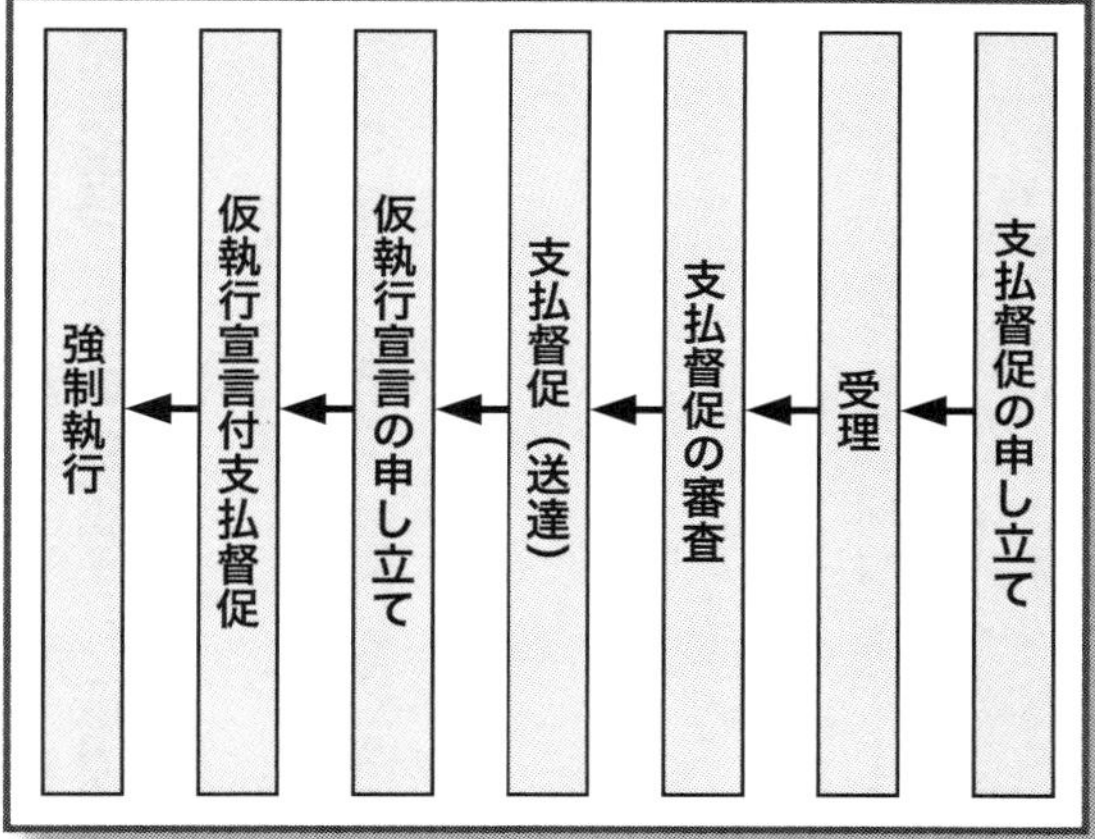

支払督促手続の流れ

30日以内に裁判所に対して、仮執行宣言を申し立てます（これをやらないと、支払督促は効力を失います）。そして、裁判所は仮執行宣言をつけた支払督促の正本を当事者全員に送達し、これで債務名義の確定となり、当事者はただちに強制執行することができます。

　支払督促や仮執行宣言付支払督促に対して、債務者から正本受領の翌日から2週間以内に異議申立があった場合、支払督促は効力を失い、通常の訴訟手続に移行します。したがって、そもそも争いがある債権には支払督促は向いてないと言えます。ただ、異議申立を怠る相手方もあり得るので、だめもとで申立てをしてみるのも手です。

23 法的手段による回収⑨　訴訟

債務者に債務を支払う意思がある場合はこれまで説明してきた公正証書や即決和解、民事調停、支払督促を使って債務名義を得て、強制執行することが有効です。

しかし、債務者に支払の意思がなく、うまく言い逃れて時効の到来を待とうとしているのが明らかな場合は、最後の手段として訴訟に持ち込むしかないと言えます。

ただし、訴訟には時間と手間とコストがかかります。さらに、せっかく勝訴判決を得ても、債務者に強制執行すべき財産が何もなければ、かかった時間も手間もコストも無駄になる可能性があることに留意しましょう。そのためにも、前述した保全処分を予め行ったり、後述する担保を使った回収を考えてみることが大切です。

なお、訴訟には裁判所に納める訴訟費用以外に、弁護士費用がかかります。そのほかにも、管轄地の裁判所までの旅費や証拠の鑑定費用など予想以上に嵩むものもありますので、訴訟を行う際は専門家とよく相談しておきましょう。

訴訟の流れ

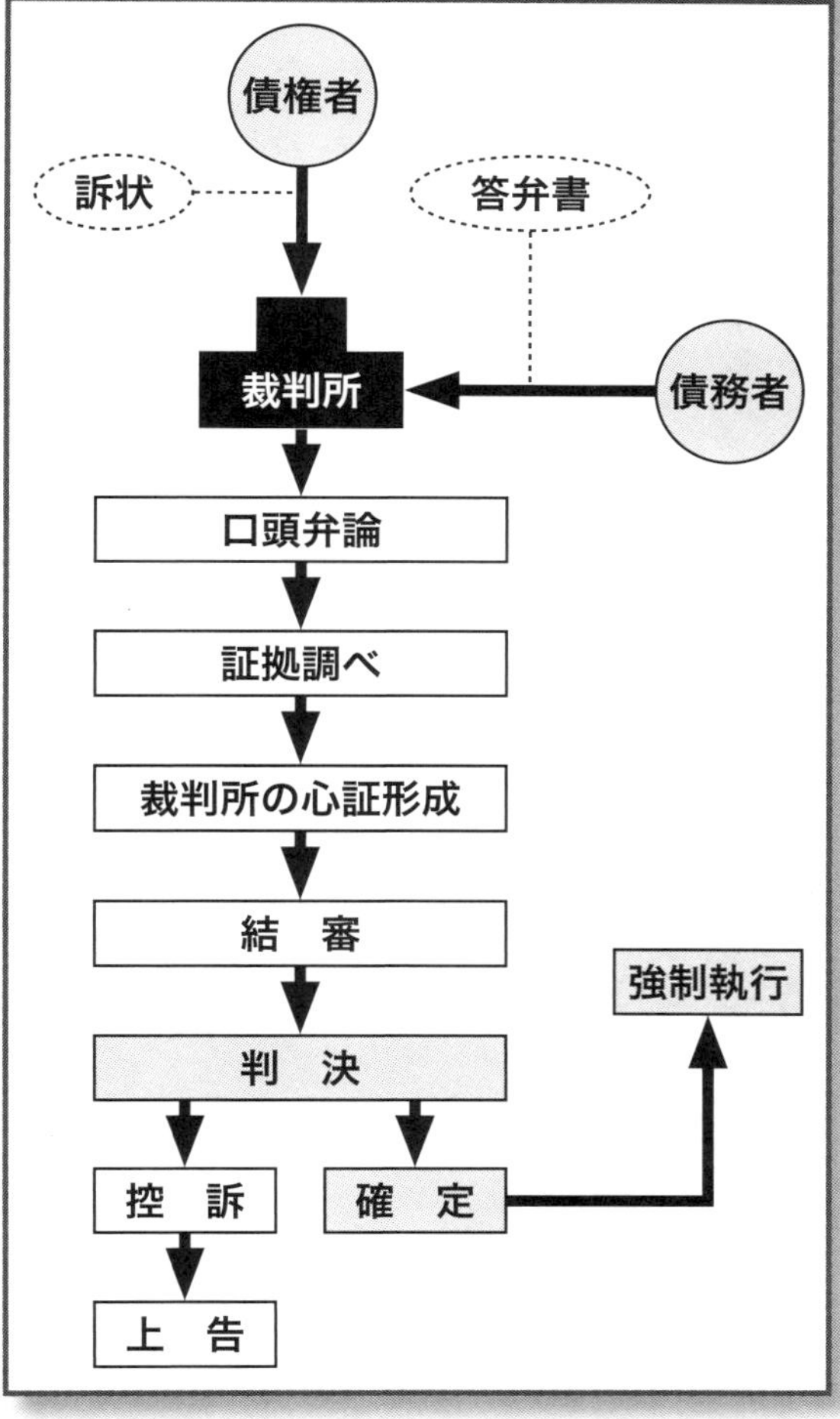
債権者
訴状
答弁書
裁判所
債務者
口頭弁論
証拠調べ
裁判所の心証形成
結　審
判　決
強制執行
控　訴
確　定
上　告

24 法的手段による回収⑩　少額訴訟

前述したように、訴訟は時間と手間とコストがかかるという意味で、訴える側にとってもそれなりの負担となります。債権の額が少額の場合は割に合うものとは言えません。そこで手続を簡略化することで少額の債権であっても訴訟に持ち込むメリットを持たせる制度が平成10年１月１日から施行されました。それが少額訴訟制度です。

少額訴訟は、原則１日で審理を完了して判決が出るという迅速さが最大の特徴です。したがって、当事者は当日すべての証拠や証人を用意する必要があります。証拠調べは即時に取調べができるものに限られ、この他にもさまざまな簡素化措置がとられます。手数料は最大でも６０００円で済み、手続が簡単なので弁護士に依頼する費用も節約できます。

少額訴訟では、口頭弁論の後、ただちに強制執行が許される仮執行宣言付の判決が言い渡されますが、原告（債権者）勝利の場合、裁判所は債務者の資力やその他の事情を考慮して、３年を超えない範囲で支払期日を延期させたり、分割払いを認める判決を下すこと

少額訴訟のメリットとデメリット

メリット	①	審理が1日で終了する
	②	分割払いの判決もできる
	③	判決に仮執行宣言がつけられる
デメリット	①	60万円を超える事件は不可
	②	同一の簡易裁判所について同一年10回しか利用できない

ができます。判決に異議申立（2週間以内）があった場合は、通常の訴訟に移行します。また、被告である債務者は、事件が複雑で1日の取調べでは判決は無理などの理由があれば、最初の日において、通常訴訟への移行を求めることができます。

最後に、少額訴訟の対象となるのは、「訴額60万円以下の金銭請求権」に限られています。したがって、売掛金や貸付金などは対象となりますが、家屋の明け渡しなどには認められません。また、少額訴訟制度は債務者の住所地を管轄する簡易裁判所が扱いますが、1人または1つの会社が同一簡易裁判所において少額訴訟制度を利用できるのは年10回までと制限されていることに注意しましょう。

25 法的手段による回収⑪　強制執行

強制執行とは、判決、公正証書、即決和解調書、調停証書、支払督促といった債務名義を持っている債権者が債務者の財産を差し押えて、競売などの方法で換価処分を行い、その処分代金から債権の回収を図ることを言います。

強制執行は、担保権の実行による競売に似ていますが、次の点が異なります。すなわち、担保権の実行による競売の場合は、担保の目的物しか競売できません。しかし、金銭債権を目的とする強制執行の場合は、差押禁止財産以外の債務者のすべての財産を任意に差し押さえることができます。その一方、担保権には目的物件に対して優先弁済権がありますが、強制執行の場合はこの優先権がありません。したがって、その財産に担保権がついている場合、回収できるのは、その被担保債権額を除いた残額のみになります。

そのため、執行文付きの債務名義を有する債権者は、債務者の動産、不動産、債権のいずれかについて強制執行の申立てを行います。

強制執行の種類

- ①　動産に対する強制執行
- ②　不動産に対する強制執行
- ③　債権に対する強制執行

①動産に対する強制執行

執行官に動産執行の申立てを行います。執行官に相手の財産を差し押さえてもらい、競売してその代金の支払を配当してもらいます。

②不動産に対する強制執行

裁判所に不動産執行（競売）の申立てを行うと、裁判所が直ちに差押の登記を行います。その上で執行官を使って不動産の最低競売価格を決定した後、期間入札などの方法で競売し、その代金を配当してもらいます。

③債権に対する強制執行

裁判所に債権執行の申立てを行います。裁判所は相手の債権を差し押さえると同時に、申立人が望めば、債権自体を申立人に移転してくれます（転付命令）。

26

担保による回収①　担保の役割と種類

担保とは、債権の安全・確実を保証するために債務者から債権者へ提供されるものです。

担保をとるメリットとしては、債権と同価値以上のものに担保権を設定しておけば、万が一債務者が倒産に追い込まれたとしても、強制執行という法的な手続をとらなくても、ただちに全額回収できるという点と、他に何人債権者がいようと最優先で回収できるという点が挙げられます。

担保はビジネスの世界では不可欠の存在です。たとえば、独立して会社を設立するための資金を銀行に借りに行った場合、まず間違いなく不動産を担保に提供することと、保証人を立てることを要求されます。創業したばかりでまだ実績や信用がない企業に融資する場合、銀行は貸倒れのリスクを背負うわけですから、当然のことと言えるでしょう。逆に担保を要求されるということは、まだ信用ができていないことの証拠に他なりません。

したがって、ビジネスにおいて担保はむやみやたらと取るものではありません。しかし、

担保の種類

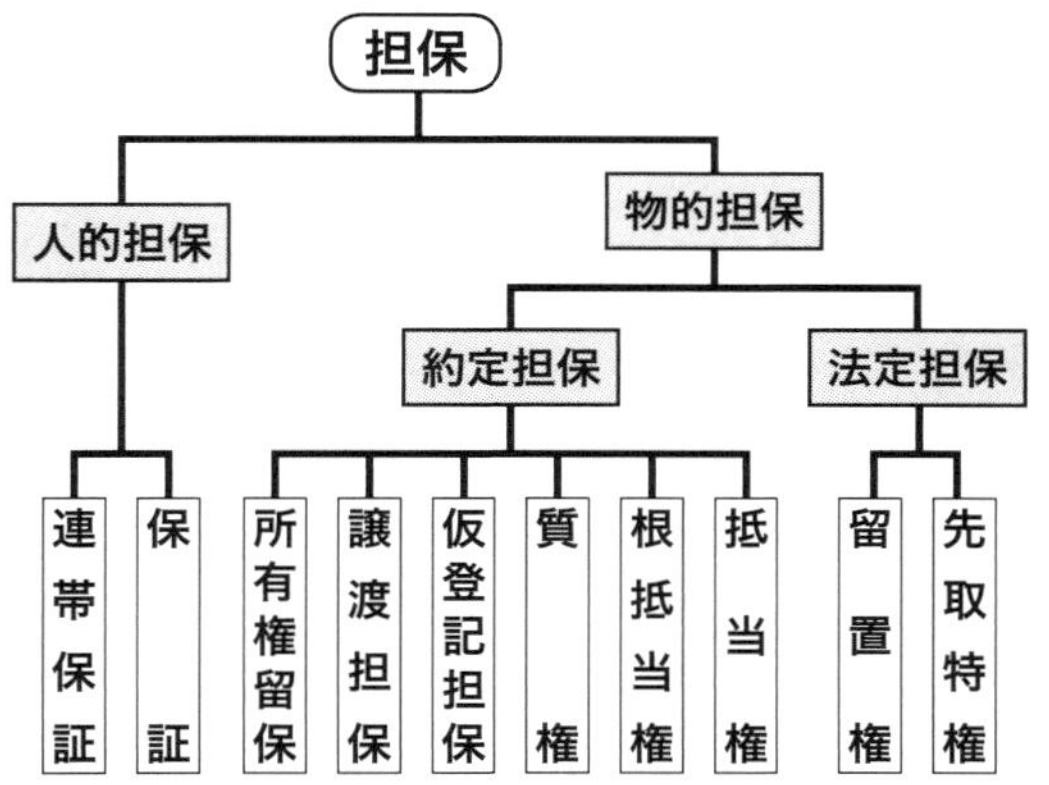

少しでも相手の信用に危なさを感じたのであれば取るべきです。それが自分の会社を守ることにつながります。

担保は、大きく物的担保と人的担保に分けられます。物的担保は不動産などの財産を担保にとってそれを売却することで担保を実行する方法であり、人的担保は債務者以外の第三者に保証人あるいは連帯保証人になってもらい、請求により担保を実行する方法です。

物的担保はさらに法律上の一定の要件を満たせば当然に発生する法定担保（先取特権、留置権）と、当事者間の契約によって発生する約定担保（抵当権、根抵当権、質権、仮登記担保、譲渡担保、所有権留保など）に分けられます。

27 担保による回収②　保証と連帯保証

本来の債務者（主たる債務者）が債務の弁済をしないとき、代わりに第三者（保証人）が債務を履行することが人的担保、すなわち保証です。

保証は、債権者と保証人の間に保証契約（必ず書面で行う）が結ばれることによって成立します。主たる債務者が個人である場合はその家族や知人が頼まれて保証人になる場合がほとんどですが、保証契約は債権者と保証人の間で結ばれることに気をつけましょう。主たる債務者が会社である場合は代表取締役が個人で保証人となることが一般的です。

主たる債務者が債権者に対して債務を履行しない場合、保証人は同額の保証債務を負うことになります。ただし、保証人は次の３つの権利によって、債権者がいきなり保証人に請求してきても直ちにこれに応ずる必要はありません。

①催告の抗弁権

まず主たる債務者に請求せよと主張して、債権者の請求を拒絶できます。

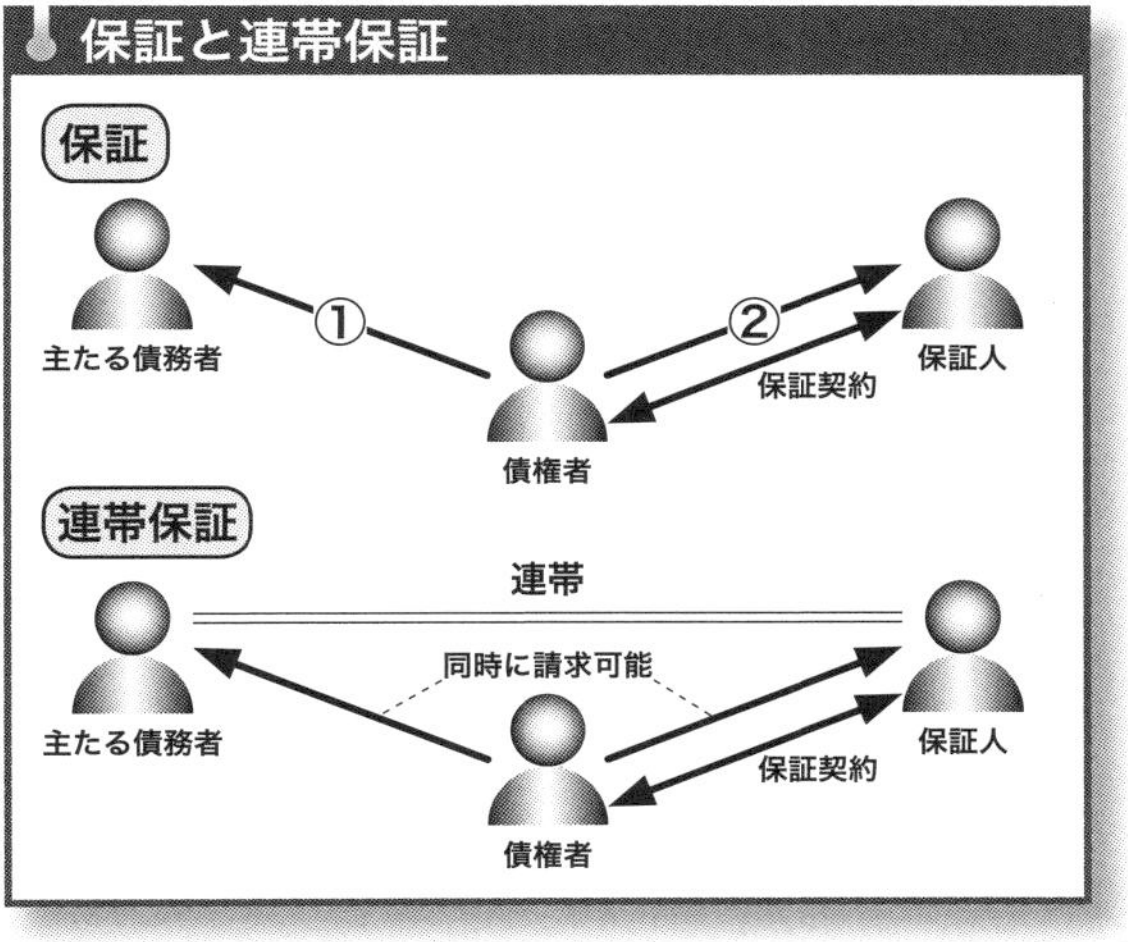

②検索の抗弁権

主たる債務者に弁済資力があり、それに執行することが容易であることを証明して、まず主たる債務者の財産から執行せよと言うことができます。

③分別の利益

保証人が複数いる場合、各保証人は主たる債務について平等の割合で責任を負えばいいという権利です

なお、保証には単なる保証と連帯保証の2つがあります。連帯保証は主たる債務者と保証人が連帯して債務を履行しなければなりません。したがって、前記の3つの権利は連帯保証人には認められず、債権者はいきなり連帯保証人に請求することができます。

28 担保による回収③　根保証

根保証とは、保証の限度額や期間が定まっていない保証のことです。一般の保証はたとえば金５００万円の借入という特定の債務のことを指しますが、根保証は継続的な売買関係や銀行からの融資契約など、継続的な信用取引関係から生ずる不特定の債務を言います。継続的な取引から発生する債務なので増減が生じますが、これを包括的に保証し、将来のある一定の時期に債務額が確定した時点で、その確定した債務額について、保証人が保証債務の責を負うことになります。

このように根保証は保証人にとってはかなり酷なものですが、逆に債権回収する側からみれば、継続取引における有力な回収手段の一つだとも言えます。

もともと根保証については、保証の限度額や期間について定めのない場合でも保証人がそのことを十分に理解しないまま保証契約してしまい、巨額の保証を背負わされるという問題（いわゆる商工ローン問題）が深刻でした。そこで平成16年に民法の一部改正が行われ、

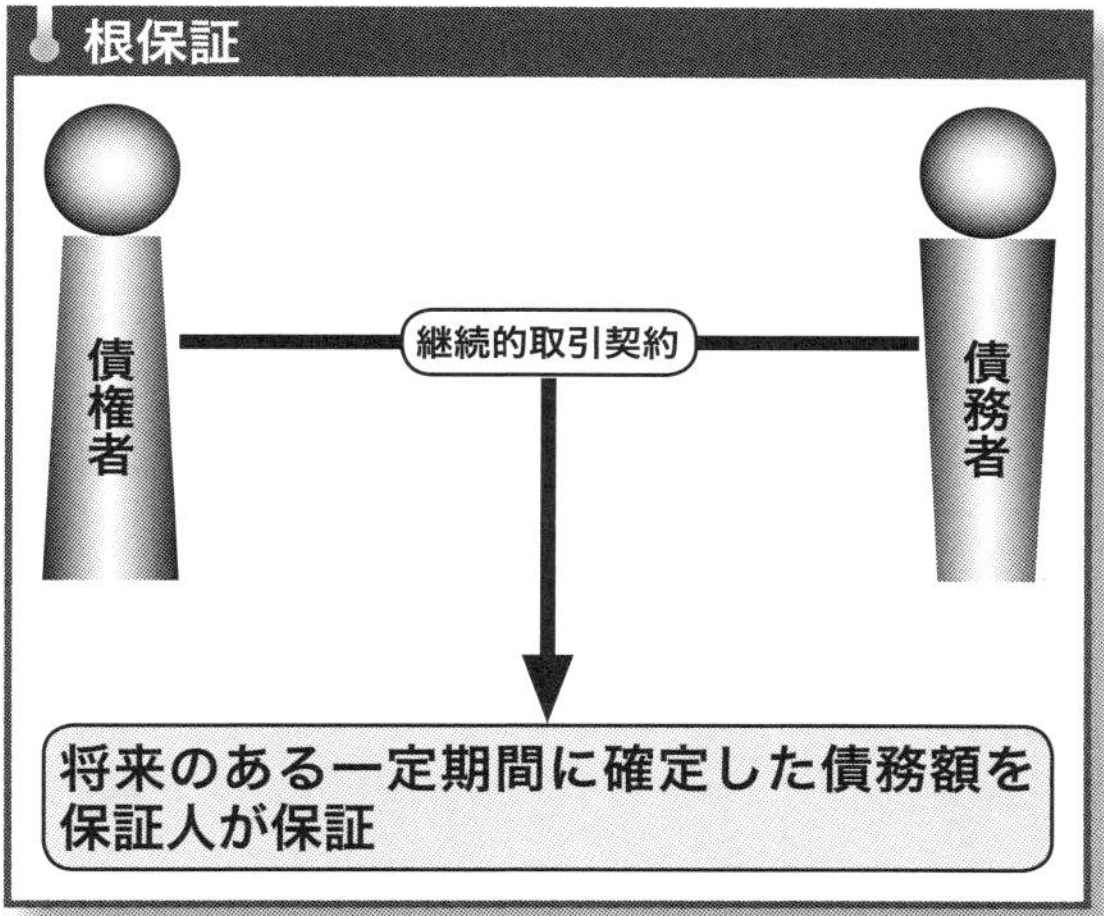

個人を保証人とする「貸金等根保証契約」については、次のような制限が行われました。

①極度額（限度額）の定めのない根保証契約は無効となりました

②根保証をした保証人は、元本確定期日までの間に行われた融資に限って保証債務を負担することになりました。この元本確定期日は契約で定める場合は契約日から5年以内、定めのない場合は契約日から3年後の日となります。

③主たる債務者や保証人が、強制執行を受けたり、破産手続開始の決定を受けたり、死亡した場合には、根保証をした保証人はその後に行われた融資については保証債務を負担しないこととしています。

29

担保による回収④　抵当権

抵当権は、債権者が債務者から担保として提供された物件を債務者にそのまま使用させて、債務が弁済されない場合にはその物件から優先的に弁済を受けられる権利のことを言います。抵当権の設定が認められるのは次ページの表に掲げたようなものです。

抵当権は物的担保の中で最もポピュラーなものです。銀行が会社に融資する際にまず検討や要望を促すのは、その会社が所有するビルや工場、土地といった不動産への抵当権の設定です。債権者にとっても、抵当権は次のような利点があります。

①債務者が支払いをしない場合に、訴訟によらなくても、目的物を競売にかけて、そこから債権回収することができる

②抵当権は登記することによって、第三者に自分の権利を主張できる

③抵当権は排他的に自分の債権を満足することができる（優先弁済権がある）

④万が一抵当権を設定した建物が焼失したとしても、その建物の火災保険金請求権に抵

抵当権の設定が認められるもの

①民法

- 土地、建物などの不動産
- 地上権
- 永小作権

②その他の法律

- 商法上の登記をした船舶
- 特別法上の財団（工場、鉄道、鉱業、道路など）
- 特別法上の立木、採石権
- 農業用機械、自動車、建設機械、航空機など

当権の効力が及んで、優先的に債権回収することができる（物上代位）

一方、債務者にとっても、抵当権は利点がある担保です。なぜなら、後述する質権と異なり、抵当権は設定をされた後も引き続き担保の目的物を使用できるからです。つまり、担保提供者は自宅に住みつづけたり、工場を稼動させることができます。また、抵当権は登記簿を見ないかぎり、外観からは担保が設定されているかどうかわかりません。

抵当権は債権者（抵当権者）と担保物提供者（抵当権設定者）との間の抵当権設定契約によって、その効力が発生します。登記しなくても契約は有効に成立しますが、当事者以外の第三者に対しては対抗できません。

30 担保による回収⑤　抵当権の実行

債務者が期限までに債務を弁済しなかった場合、債務者（抵当権者）には、以下に掲げる3つの方法のいずれかを選択することによって、優先的に弁済を受けることができます。

①担保不動産の競売

まず管轄の地方裁判所に抵当物件競売の申立を行い、それを受けた裁判所は競売開始の決定を出します。そして、裁判所は抵当物件を差し押さえることを宣言し、登記所（法務局）に嘱託して差し押さえの登記をします。その上で、裁判所は抵当物件の調査および評価を行い、最低売却価額を決定して、物件の内容を裁判所内に公示します。そして、抵当物件が売却されます。その後、抵当権の順位に従って、売却代金が配当されます。

②賃料への物上代位

債務者が抵当物件から月々得ていた賃料を差し押さえて、賃借人から直接支払を受けて回収に充てることです。競売よりも簡単かつスピーディーな回収が可能です。債権者が管

抵当権の実行

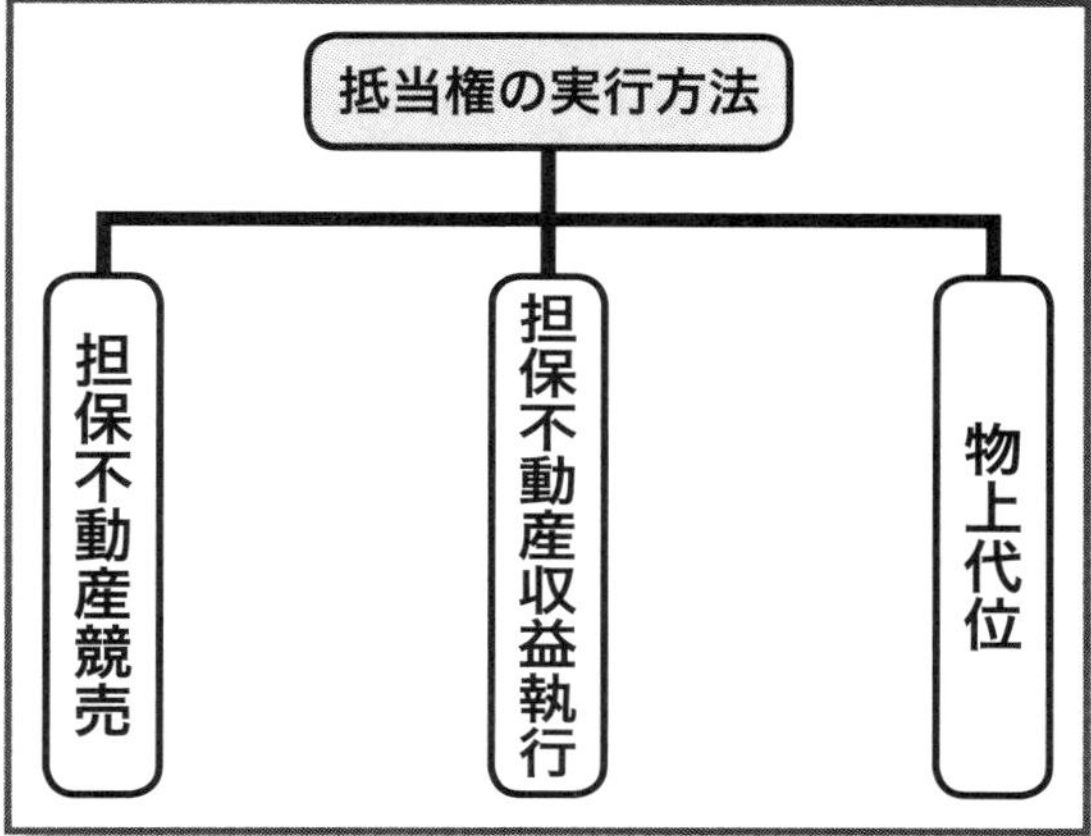

轄裁判所に差し押さえを申し立て、債権差押命令を債務者と賃借人（第三債務者）に送達してもらい、賃借人から直接毎月賃料を取り立てます。なお、賃借人の特定が必要です。

③担保不動産収益執行

②の物上代位と同様、賃借人から直接賃料を受け取って回収に充てる方法ですが、賃借人の特定が困難だったり、不法占拠者がいるなど、物上代位では対応できない場合に用いる方法です。手続は債権者が申立を行うと裁判所が物件を差し押さえ、管理人を選任します。管理人は裁判所の監督下で不動産維持管理や収益の収取等を行い、収益から費用などを控除して債権者に配当します。物上代位と違って、管理費用や管理人報酬がかかります。

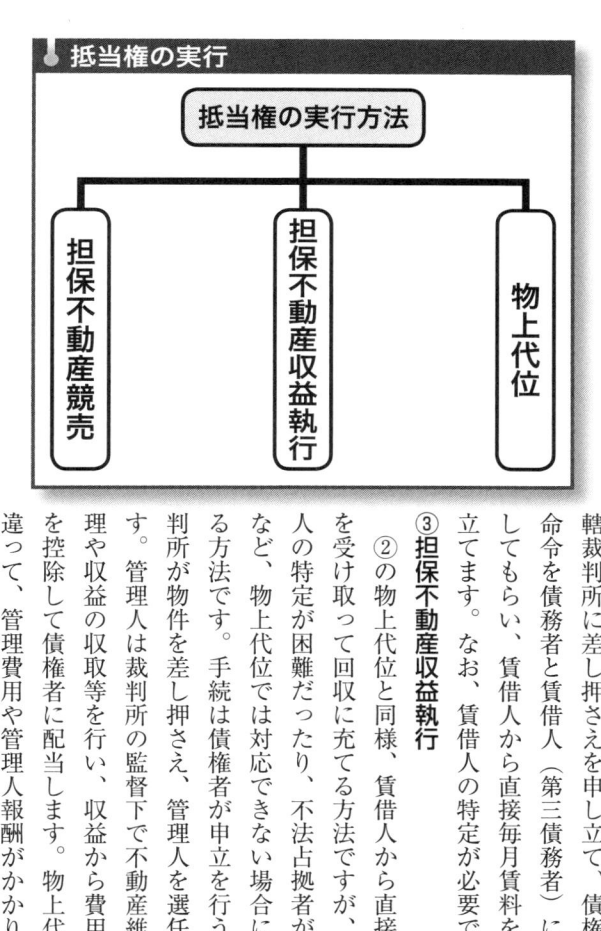

31 担保による回収⑥　根抵当権

一般の抵当権はある特定の債権を担保するものであり、その債権が消滅すれば、抵当権も同時に消滅します。

しかし、これは会社が相手の場合は不都合です。なぜなら、会社の資金借入需要や取引に基づく債務は、何度も発生することが多く、債務が発生する度に抵当権設定契約を結んだり、登記したり、抹消するのは企業にとって大変な負担になるからです。

そこで、**根抵当権**という制度が設けられています。これは、一定の範囲に属する不特定の債権を一定の限度額において、まとめて精算して担保するというものです。

もっとも、民法は「一切の債権を担保する」というような包括的な根抵当権は認めず、継続的商品取引契約、銀行取引、手形・小切手上の債権など、被担保物権の範囲がある程度特定しているものについてのみ、これを認めています。

また、根抵当権は、担保する債権の上限額、すなわち極度額が決められています。上限

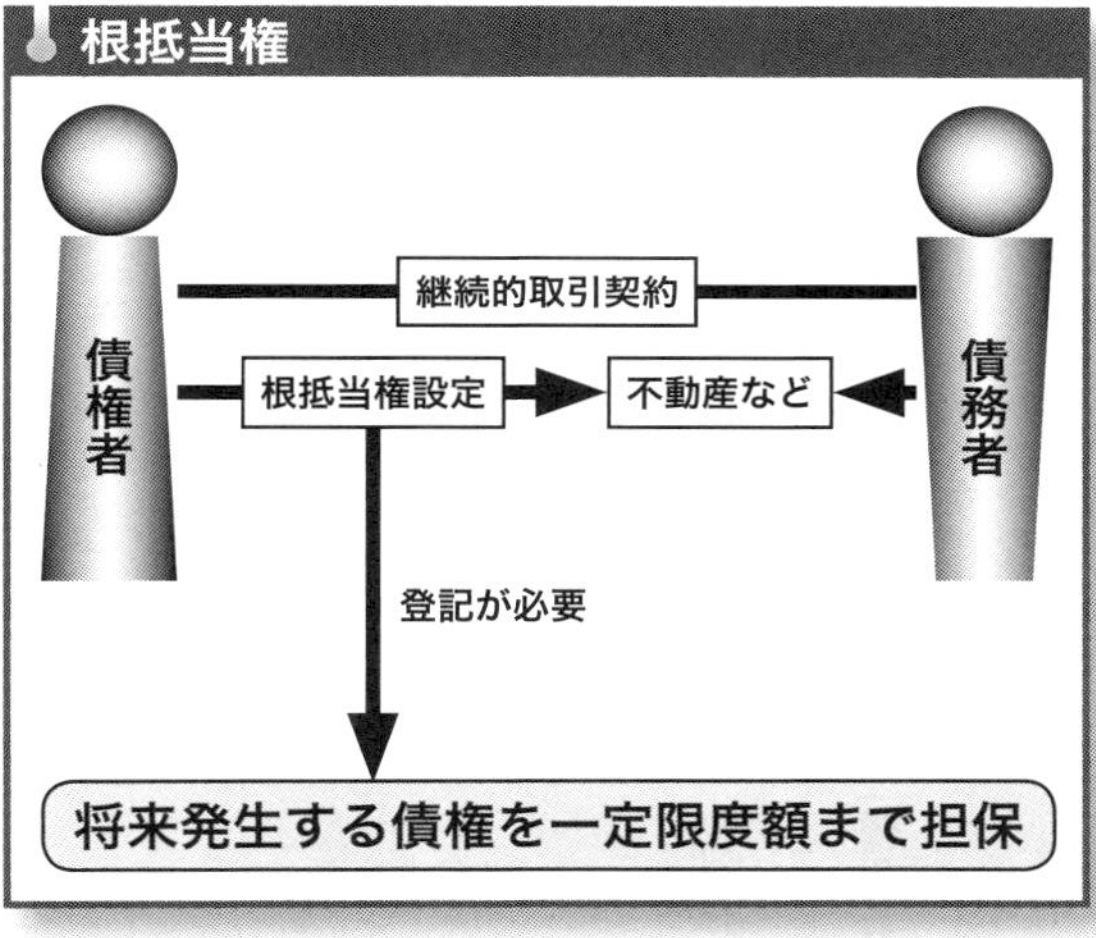

を設けることで、他の債権者も担保価値を見ながら取引できるようにするためです。

　具体的には、銀行と取引先との当座貸越契約や、企業間の継続的な商品供給契約などが挙げられます。

　根抵当権は当事者間の設定契約の締結によって成立します。契約にあたっては、担保物件、債権者、債務者、担保される債権の範囲、担保される債権の元本、利息、損害金の限度額、確定期日を定めます。

　根抵当権は抵当権の一種なので、特別の規定がある場合を除き、抵当権に関する法規定が適用されます。また、根抵当権の登記には、それが根抵当であることと、債権極度額が明らかにされます。

32 担保による回収⑦　質権

質権は、債権者がその債権の担保として質権設定者（債務者または第三者）から受け取った物を債務が弁済されるまで債権者の手元に留置し、弁済がされなかったときにはその物について他の債権者に優先して弁済を受けることができる権利のことです。

債権者は、債務が弁済されるまで担保として提供された物を手元に留置することで、債務者に「弁済しないと返してもらえない」という心理的な圧迫を加えて弁済を強制することができます（**留置的効力**）。そして、期限までに債務が弁済されないときは、その物を一定の手続き（競売や鑑定人による評価）に従って換価して、競売による売却代金から優先的に弁済を受けることができます（**優先弁済的効力**）。

質権と前項で解説した抵当権の違いは、次の2点です。

①債務者の担保物権の使用について抵当権は使用できるが、質権はできない

②担保物権の対象は、抵当権は法律で定められたもの（主に不動産）しか設定できない

質権の設定が認められるものの例

① 不動産
※通常は抵当権を設定するのが一般的

② 動産
・貴金属
・株券

③ 債権
・預貯金
・生命保険金
・ゴルフ会員権

が質権は譲渡可能なものであれば何でも設定できる（上の図参照）

質権は債権者と質権設定者の間での質権設定契約によって生まれますが、当事者の合意だけでなく、担保物権を質権設定者から債権者に引き渡して初めて効力を発揮します。

また、質権による債権回収には流質契約の問題があります。流質契約とは、弁済が弁済期に行われないときに、債権者に質物の所有を取得させたり、処分させるなどの約定を結ぶことです。民法ではこのような流質契約は無効です（質屋ではいわゆる「質流れ」として有効）が、商行為によって生じた債権を担保するために設定された質権については認められています。

33 担保による回収⑧　譲渡担保

譲渡担保とは、担保をいったん債権者に譲渡し、債務が弁済された場合には返還するという形式の債権担保の方法です。

動産を担保にとる方法という意味では、前項で説明した質権と同じですが、質権が担保物権を債権者に引き渡さなければならないのに対し、譲渡担保は所有権が債権者に移動するものの担保物権は債務者が引き続き使用することができます。その意味では抵当権と同じですが、抵当権は動産には設定できません。

このように、動産の担保を債権者に引き渡さずに自分の手元で使い続けることができるということで、譲渡担保は中小企業などに対する金融機関の担保として広く利用されています。法律ではなく、実務で考えられた担保なので、判例が現実に即した理論を示しています。

判例によると、譲渡担保の対象となる物件は、譲渡可能な財産権であれば、債権でも、

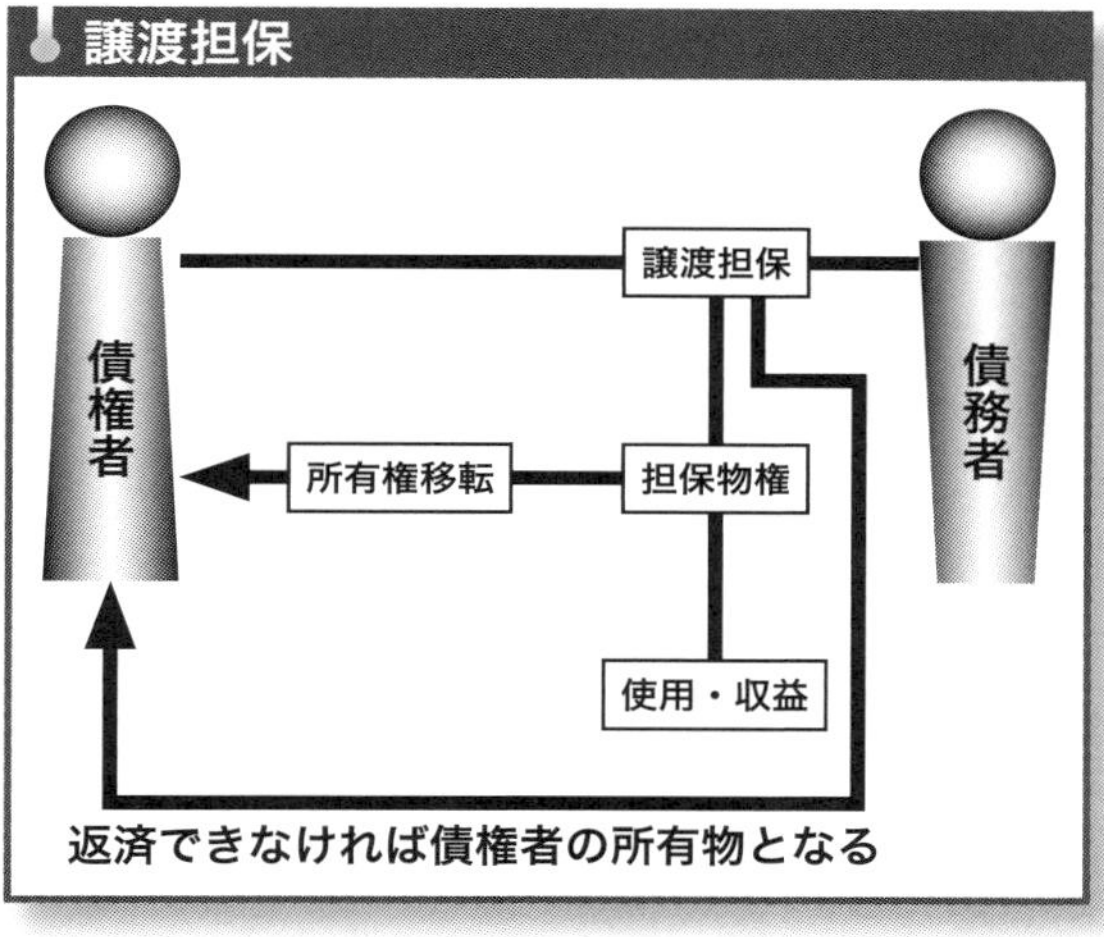

動産でも、不動産でも、さらには特許権などの無体財産でもよいとされています。

債務者が期限が来ても債務を弁済しないときは、債権者は目的物の所有権を取得したり、売却したりして、債権回収を図ることになります。どちらの方法をとったとしても、目的物の適正価額、あるいは処分した価額との間に差額があれば、これを清算しなければなりません。

譲渡担保は債権者と担保設定者との間の譲渡担保設定契約によって設定されます。譲渡担保の対抗要件は、不動産であれば担保物の所有権移転登記、動産であれば担保物の引渡しになりますが、動産の場合は民法にある「占有改定」という方法がとられます。

第５章

その他の営業に関する法律

1 消費者契約法

消費者契約法は消費者の利益保護を目的に2001年4月に施行された特別法です。

消費者契約法は、消費者が事業者（法人およびその他の団体、個人事業者）の不適切な勧誘方法によって結ばされた契約を一定期間取り消したり、消費者側に一方的に不利な内容の契約条項を無効にすることができます。具体的には以下のとおりです。

①取り消すことができる不適切な勧誘方法

契約の重要事項に関する事実と異なる告知、契約における不確実な事項についての断定的判断の提供または不利益事実の故意の不告知による誤認、不退去または長時間の拘束などによる困惑です。消費者が以上を根拠に意思表示の取消しを行えば、その契約は無効となります。事業者は代金を返還しなければなりませんが、消費者はこの取消権を6カ月以内に行使しなければなりません。

②無効となる契約条項

不適切な勧誘方法

①不実の告知	重要な事項について事実と異なることを言う （例）国産品だと説明されたが実は外国産だった
②断定的判断	将来の変動が不確実な事項について断定的に言う （例）「絶対儲かる」と言って外国債を買わせる
③不利益事実の故意の不告知	重要な項目について不利益となることだけを故意に言わない （例）隣に高層ビル建設の計画があることを知りながら、「日当たり良好」と言ってマンションを買わせる
④不退去	消費者が販売者に退去を促しても帰らない （例）消費者の言葉を無視して居座り続け強引に契約させられた
⑤監禁	消費者が勧誘場所から退去したい旨を表明しても退去させない （例）展示会の会場などで長時間購入を勧められ、販売員に帰りたいと言っても帰らせてくれず、仕方なく契約した

次のような趣旨の契約条項は無効となります（契約そのものは無効とはなりません）。

・事業者側の債務不履行時における消費者側に生じた損害の全部を免除する条項

・事業者側の不法行為によって消費者に損害が生じた場合に、その損害の全部を免除する条項

・事業者が負うべき瑕疵担保責任を全部免除する条項

そのほか、消費者契約法には、内閣府の認定を受けた適格消費者団体が被害者である個人に代わって裁判所に指し止め請求を行う「消費者団体訴訟制度」が認められています。

2 割賦販売法①　割賦販売の類型

割賦販売とは、指定された商品、サービス、権利などの代金の一部を支払うことによって、購入者はそれらの商品、サービス、権利を受け取ったり使用することができ、残りの代金については後日分割で支払うという形態の販売方法です。そして、この割賦販売から発生するトラブルを未然に防止するためのさまざまな規制を設けたのが割賦販売法です。

割賦販売にはいくつかの形態がありますが、規制を受けるのは、次のような取引です。

①狭義の割賦販売

販売者が購入者に信用を供与して、月賦払いで商品を販売する取引を言います。

②ローン提携販売

販売業者からの商品購入と金融機関からの融資をセットにして、販売業者や信販会社などが購入者の保証人になる取引です。自動車の購入でポピュラーな方法です。

③割賦購入あっせん

割賦販売（もっともシンプルな方式）

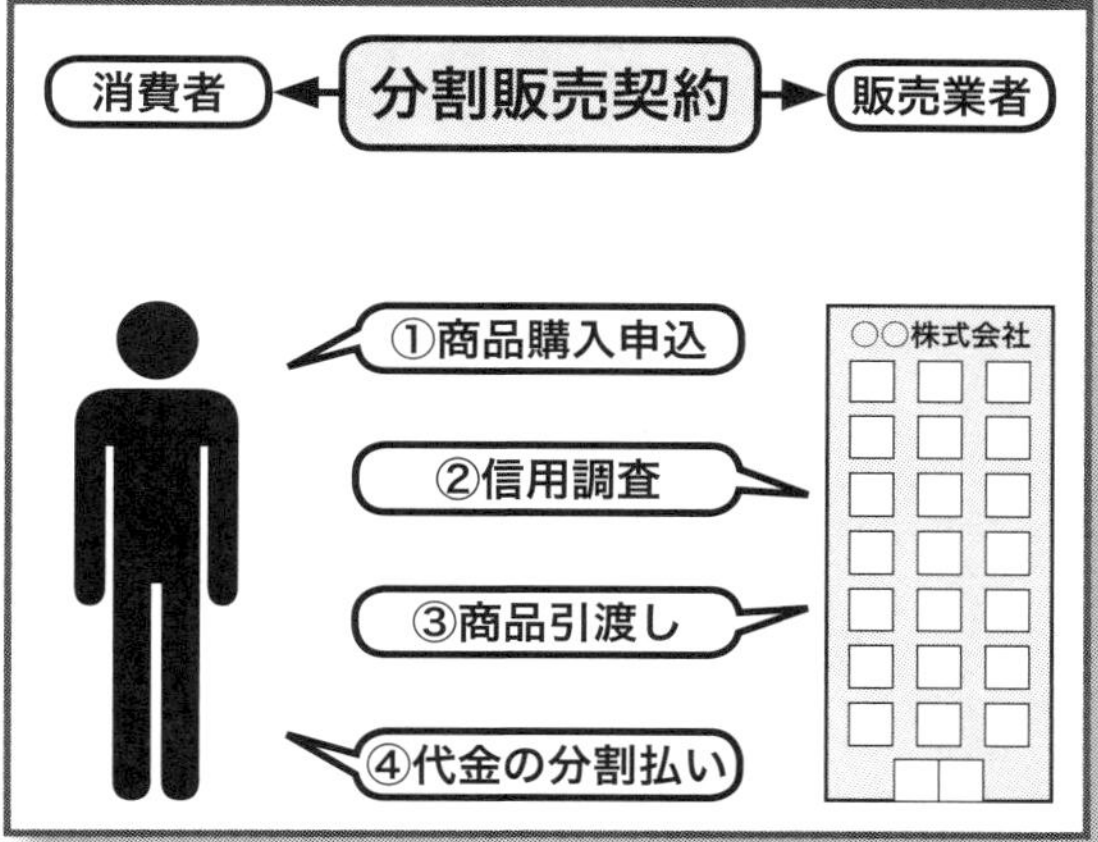

信販会社などが行っている取引で、個別商品ごとに立替払いが行われる個品割賦購入あっせんと、あらかじめクレジットカードを発行しておく総合割賦販売があります。

④前払式特定取引

毎月一定額を会費などの名目で支払っておき、その企業などから払込相当額の商品やサービスの提供を受ける取引です。いわゆる冠婚葬祭互助会や百貨店のメンバーシップなどに見られる取引です。

⑤前払式割賦販売

販売業者が商品の引渡し前に購入者から一定額を2回以上にわたって代金の全部または一部を受け取る方法です。ピアノやミシンなどの購入に用いられることがあります。

3

割賦販売法②　割賦販売の原則

割賦販売法の具体的な内容は以下のとおりです。

①割賦販売の定義

割賦販売とは、代金を2カ月以上の期間にわたって、3回以上に分割して受領する、政令で指定された商品・サービス・権利の販売を言います。したがって、代金を半分ずつ受領したり、受領期間が2カ月未満の場合は割賦販売ではありません。

②割賦販売法の対象商品・サービス・権利

政令で指定された以外の商品・サービス・権利の販売は割賦販売法の規制を受けません。現在指定されている商品は54種類、サービスは10種類（エステティックサロン、外国語教室、スポーツクラブなど）権利は7種類（保養所・スポーツ施設の利用権など）です。

③販売条件の表示

割賦販売を行う事業者は、割賦販売契約を結ぶ前に購入者に対して、現金販売価格、割

割賦販売契約時の明示事項

① 現金販売価格
② 割賦販売価格
③ 割賦販売代金の支払期間および支払額
④ 支払回数
⑤ 割賦販売の手数料の料率

賦販売価格、割賦販売の代金の支払期間および支払額、支払回数、割賦販売の手数料の料率について、営業所での掲示または書面の交付によって表示しなくてはなりません。広告を出す場合も同様に表示する義務があります。

④書面の交付

割賦販売契約が成立したら、事業者は遅滞なく（3日～4日以内）、割賦販売価格、賦払金（各回ごとの支払額）の額、賦払金の支払時期と支払方法、商品の引渡時期、契約の解除に関する事項、所有権の移転に関する定めがあるときはその内容、その他省令で定める事項（事業者名、商品名、契約日など）、を明記した書類を購入者に交付しなければなりません。

4　割賦販売法③　割賦販売契約における消費者保護

割賦販売法では、割賦販売契約の締結にあたって、次のような規定を設けています。

①契約内容に関する規制

割賦販売契約に、瑕疵担保責任の免責条項の禁止、契約の解除および期限の利益喪失特約の制限、契約の解除などに伴う損害賠償や違約金の額の制限、営業所以外の場所で契約締結の申込や締結がなされた場合のクーリングオフ制度などが盛り込まれていなくても、これらについては強行規定として法律が優先されます。

②割賦販売契約のクーリングオフ

購入者は書面受領日から8日以内であれば、理由の如何を問わず、割賦販売契約を解除することができます。契約解除の意思表示は必ず書面で行わなければなりません。ただし、以下のケースではクーリングオフは認められません。

・対象となるのが、指定商品・指定サービス・指定権利ではないとき

クーリングオフの通知書（例）

契約解除通知

契約年月日　　平成○○年○○月○○日
書面受領日　　平成○○年○○月○○日
商品名　　　　○○○○
契約金額
（支払総額）　○○○○円
販売会社名　　山田商事株式会社　大阪支店
　　　　　　　　　　担当者　　鈴木一郎氏

上記日付の契約は解除します。なお、支払済みの○○円を返金し、商品を引き取ってください。

平成○○年○○月○○日
　住所　　東京都港区○○１－２－３
　氏名　　佐藤太郎

・契約の申込または締結が販売業者の事務所で行われた場合
・賦払金の全部の支払の義務を履行した場合

なお、支払期間の途中で購入者から契約どおりに賦払金の支払がなされない場合、割賦販売法は事業者からの契約解除を厳しく制限し、20日以上の相当の猶予期間を設けて購入者に書面で催告しなければ、契約の解除はできないと定めています。

また、賦払金が完済されるまで、商品の所有権は契約で特別の定めがないかぎり、販売業者に留保されていると推定されます。

5 特定商取引法① 概要

特定商取引法は、訪問販売や通信販売などのいわゆる無店舗販売や語学教室・エステなどのサービスについて、悪質な業者や契約上のトラブルから消費者を保護するために一定の規制を課している法律です。対象となるのは次ページの表に掲げた取引です。

特定商取引に該当する販売業者は、勧誘時に消費者に対して、氏名や名称、売買目的の勧誘である旨、勧誘する商品やサービスの種類を明示しなくてはなりません。そして、契約を締結した際にはただちに商品やサービスの対価、引渡時期、支払時期、契約キャンセルに関する事項などを記した書面を消費者に交付する義務があります。これらの義務を怠った販売業者は営業停止などの行政処分や刑事罰を受けることになります。この書面で交付しなければならない事項は特定商取引の種類ごとに異なるので、事前に経済産業省のホームページなどで十分に確認しておくことが必要です。

また、特定商取引には、通信販売を除いて、一定の条件の下でクーリングオフ制度が設

特定商取引の種類とクーリングオフの期間

種類	説明	クーリングオフできる期間
訪問販売	キャッチセールスなども含む	8日間
通信販売	インターネット販売も含む	適用なし
電話勧誘販売	電話を使った指定商品の勧誘・販売	8日間
連鎖販売取引	いわゆるネットワークビジネス	20日間
業務提供誘引販売取引	いわゆる内職・モニター商法	20日間
特定継続的役務提供	語学教室やエステ、結婚情報サービスなど	8日間
ネガティブオプション	いわゆる送り付け商法	必要なし

けられています。これは購入の意思がないにもかかわらず、誤って契約してしまったり、強引に契約させられた消費者を保護するための措置で、一定期間は無条件で契約を解除できることを認めたものです。クーリングオフを行う場合、消費者は一方的に契約を解除しても、販売業者に対して損害賠償責任を負う必要はなく、すでに商品が引き渡されていても販売業者の負担で送り返すことができます。またクーリングオフは強行法規なのでクーリングオフの適用を除外する旨を定めた契約書があってもその部分は無効となります。なお、クーリングオフは、クーリングオフができる旨が記載された書面が販売業者から消費者に交付されてから始まります。

6

特定商取引法② インターネットでの営業・販売

近年はインターネット上のサイトで商品やサービスの営業・販売を行うことが一般的になりました。インターネットを利用したビジネスは特定商取引法上の「通信販売」に該当し、同法の規制を受けることになります。通常のインターネット通販以外に、インターネットオークションやインターネット上で申込を受けて行うビジネスも対象となります。

具体的には以下のような規制があります。

①広告の表示……以下のような項目をホームページ上に明記しなければなりません（販売価格および送料、代金の支払時期・方法、商品の引渡時期、返品に関する事項、事業者の氏名・名称、住所、電話番号、申込の有効期限、その他の費用の内容と金額、商品に隠れた欠陥がある場合の販売業者の責任、ソフトウエアの場合はその動作環境、商品の販売数量の制限などの特別な条件がある場合はその内容など）。

②誇大広告等の禁止……消費者が実際のものと異なったり著しく優良であると誤認する

迷惑メールに関するルール

① 相手方の承諾を得ていない広告メールの表題部冒頭への「未承諾広告※」の表示

② 相手方の承諾を得ていない広告メールの本文最前部への「事業者情報（氏名・名称、連絡先メールアドレス）」などの表示

③ 相手方が広告メールの受け取りを希望しないことを意思表示できる方法の表示
（例「メールが不要な方はこちらへご連絡ください」などの文章と受け取り拒否の通知を受けるためのメールアドレスの記載）

ような表示をホームページ上に謳うことを禁じています。

③顧客の意に反して申込をさせようとする行為の禁止……ホームページ上で契約の最終申込画面と消費者が容易にわかるような表示をしなかったり、消費者が申込内容を最終的に確認したり容易に訂正できるようにしていないのは禁止されます。

なお、電子メールを使った広告を相手の承諾なく不特定多数に送る場合は上の表に挙げたようなルールに従わなくてはならないことが法律で定められています。違反の場合は刑事罰が課され、メール広告を送られた消費者に何らかの損害が発生した場合は損害賠償責任が問われます。

7 金融商品販売法

規制緩和によって従来はなかった多種多様な金融商品が販売されるのに伴い、それらの勧誘や販売をめぐって販売業者と消費者との間にトラブルが増えてきました。こういった事態から消費者を守るために２０００年に制定されたのが**金融商品販売法**です。

①対象となる金融商品

預貯金、信託、保険、証券、デリバティブ、商品投資、先物取引など広範に指定

②対象となる金融商品販売業者

①に挙げた金融商品を販売する者が相当します。具体的には、銀行、信託銀行、信用金庫、証券会社、保険会社、リース会社、クレジット会社などを指します。

③規制内容

①に挙げた金融商品を販売するとき、消費者に対して金融商品販売業者は、元本割れが発生する恐れのあるときはその旨とその要因（例　金利や通貨の価格、証券市場における

金融商品販売法において販売業者に説明義務のある重要事項

①元本割れが発生する恐れがある旨およびその要因

〔元本欠損が生ずる要因〕
- 金利、通貨の価格や証券市場における相場の変動
- 販売業者自身の業務または財産状況の変化

②権利行使期限や解除できる期間の制限に関すること

- 権利行使期限……ある期間を過ぎると価値がゼロになる商品の場合はその期限
- 解除できる期間の制限……「契約を解除できない」「一定期間は解除すると違約金が生じる」など

相場の変動など、販売業者自身の業務または財産状況の変化）について説明する義務があります。また、ワラントやデリバティブなどについては、権利を行使できる期間の制約や解約期間の期限についても説明しなければなりません。

これらの事項の説明義務違反によって消費者に損害が生じた場合、金融商品販売業者はその損害（一般に元本欠損分）を賠償する義務が生じます。説明義務がある販売業者には、取次ぎや媒介、代理業者も含まれます。ただし、立証責任は消費者にあります。

また、金融商品販売業者は、勧誘の方法や時間帯などの事項を織り込んだ勧誘方針を策定し、これを公表しなければなりません。

8 独占禁止法

独占禁止法は「公正かつ自由な競争」を促進することを目的に制定された法律です。たとえば、ある市場において、特定の企業が競争相手を排除して圧倒的なシェアを獲得したり（**私的独占**）、複数の事業者が協定を結んで価格を決めたり新規参入業者の進出を事実上阻む不当な取引制限（**カルテル**）を打ち出した結果、市場に独占状態が発生して競争原理が働かなくなり、経済全体、ひいては消費者にも不利益が生じる場合があります。このような状態を防いで自由な企業活動を促進する役割を独占禁止法は果たします。

前述の私的独占やカルテル以外に、独占禁止法は「**不公正な取引**」についても制限します。たとえば取引関係で優位にある業者が取引先に無理な条件を押し付けるなど、それ自体は競争を制限していなくても、公正な競争を疎外する可能性のある行為を禁じています。具体的には、商品を不当に安い価格で継続販売して他の事業者に打撃を与えたり（**不当廉売**）、取引先に対して他の在庫商品と併せての購入（**抱き合わせ販売**）を迫ったり、取引

独占禁止法上の不公正な取引方法の類型

1．共同の取引拒絶	9．不当な利益による顧客誘引
2．その他の取引拒絶	10．抱き合わせ販売等
3．差別対価	11．排他条件付取引
4．取引条件等の差別取扱い	12．再販売価格の拘束
5．事業者団体における差別取扱い等	13．拘束条件付取引
6．不当廉売	14．優越的地位の濫用
7．不当高価購入	15．競争者に対する取引妨害
8．ぎまん的顧客誘引	16．競争会社に対する内部干渉

先に無料で棚卸し作業の手伝いを強いたり（優越的地位の濫用）、小売業者に自社商品の販売価格を指示して拘束する（再販売価格の拘束）などの行為を言います。独占禁止法上にはこのような16種類の不公正取引の類型が定められています（上の図参照）。

独占禁止法の運用・執行は公正取引委員会が行います。独占禁止法に違反していると公正取引委員会が認めると、排除勧告が出されます。またカルテルについては、違反企業に対して課徴金が課されます。その他、違反を知りながら是正しなかった企業やその代表者、その社員には懲役や罰金などの刑事罰が発生するほか、独占によって他人に損害を与えた場合は損害賠償責任が発生します。

9 製造物責任法（ＰＬ法）

製造物責任法（通称ＰＬ法）は、製品に欠陥があったことが原因で、消費者の生命や身体、財産に被害が及ぶような事故が発生した場合に、利用者がメーカー（輸入品の場合は輸入業者）に対して容易に損害賠償を請求できるようにした民法の特別法です。

ＰＬ法が制定されるまで、利用者がメーカーに損害賠償を請求するには、民法の不法行為の規定を使っていましたが、この場合利用者がメーカーの故意または過失を立証しなければならず、現実には非常に困難でした。それをＰＬ法は、メーカーの故意や過失の有無を問わず、利用者は製品に欠陥があったという事実さえ立証できれば足りるとしたのです。

ＰＬ法で規定する製造物とは、「製造または加工された動産」であり、不動産や情報・サービスなどの無体物、野菜や穀物などの一次産品は除外されます。また、損害賠償責任を負う業種は製造業・加工業・輸入業であり、流通業や販売業は原則として適用されません。

ＰＬ法における製品の欠陥とは、次の3種類です。

ＰＬ法における欠陥

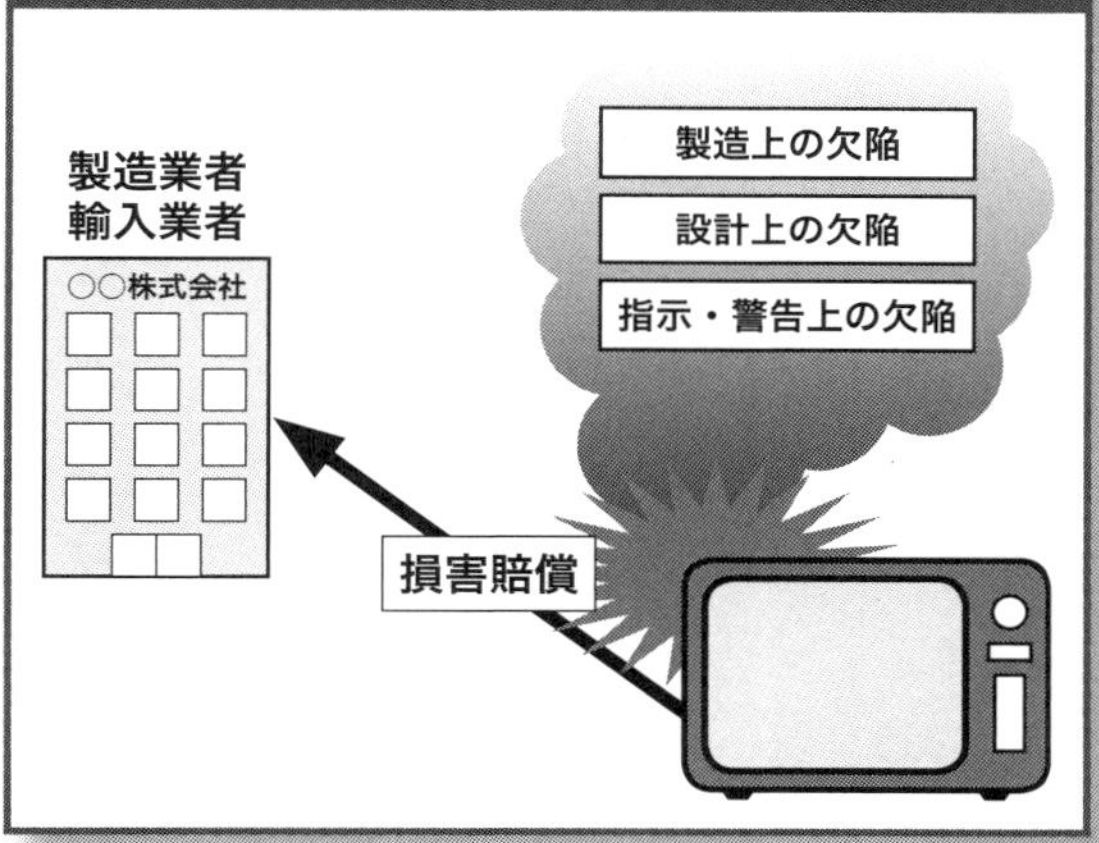

①製造上の欠陥……製品が製造過程で設計どおりに製造されなかったことによる欠陥

②設計上の欠陥……設計段階で安全性の配慮が足りなかったことによる欠陥

③指示・警告上の欠陥……製品自体の危険性が存在する場合に、その危険性による事故発生の可能性や事故防止のための情報を取扱説明書や警告ラベルなどによって消費者に与えなかったことによる欠陥

メーカーに損害賠償請求を行う場合は、製品の欠陥と被害者が受けた損害との間に因果関係（原因と結果の関係）があることが必要です。したがって、たとえ製品に欠陥があったとしても、それと関係なく生じた損害についてメーカーは責任を負う必要はありません。

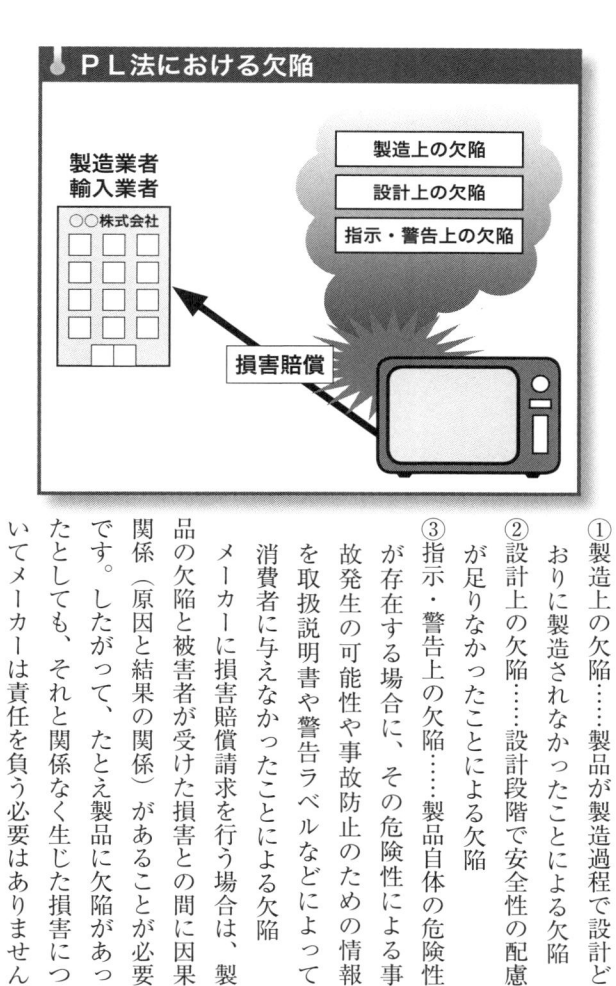

10 景品表示法（不当景品類及び不当表示防止法）

景品表示法は独占禁止法を補完し、公正取引委員会の管轄の下で「公正かつ自由な競争」を維持するための法律です。具体的には商品やサービスを販売する際の広告やキャンペーン活動で、虚偽または誇大な広告の表示などを禁じています。また、懸賞などの価格に対する景品類の最高額を定め、事業者が過大に消費者の射幸心を煽ることを禁じています。

①不当な商品表示の禁止

広告やカタログ、CMなどで商品やサービスの内容や取引条件が実際のものや他社のものよりも著しく優良・有利であると消費者に誤認させるような内容を謳ったり、不当に顧客を誘引させる表示を禁止します。これらが不当なものであるかどうかは販売者自身に立証責任があり、立証できない場合は公正取引委員会によって排除命令が下されます。

②過大な景品類の提供の禁止

プレゼントキャンペーン（例「今〇〇を買うともれなく□□がついてくる！」）や懸賞

景品表示法による景品の限度額

1．一般懸賞、共同懸賞の限度額

懸賞の種類	取引価額	景品類の最高額	景品類の総額の最高限度
一般懸賞	5,000円未満	取引価額の20倍	懸賞に係る売上予定総額の2％
	5,000円以上	10万円	
共同懸賞	金額にかかわらず30万円		同3％

2．総付景品の限度額

取引価額	景品類の最高額
1,000円未満	200円
1,000円以上	取引価額の2/10

は参加条件やその性格によって、景品の限度額が定められています。過大な景品の設定は消費者の購買心理を煽り、混乱を招くきっかけとなるので、懸賞を行う場合はその規模をに応じた景品類の設定を行うようにしましょう。一般懸賞以外に、商店街が共同で実施する共同懸賞、購入者にもれなく景品類を提供する総付景品も対象となります。公正取引委員会は調査の結果が違反と判明した場合、排除命令や警告などの措置をとることができます。

　なお、以上は購入者のみを対象とするクローズド懸賞に関する規定ですが、購入者かどうかを問わないオープン懸賞には金額的な規制はありません。

11 個人情報保護法①　概要

個人情報保護法は、個人情報の概念と個人情報を取り扱う事業者の義務を定めて、個人情報の保護とその適切な取り扱いについて定めた法律です。

①個人情報とは

個人情報保護法における「個人情報」とは、「生存する個人に関する情報であって、当該情報に含まれる氏名、生年月日その他の記述等により特定の個人を識別することができるもの」と規定されています。氏名や生年月日、電話番号、住所などがその典型的なものですが、これらの情報が記載されている名刺や顧客リスト、履歴書、病院のカルテといったものも該当します。さらに、メールアドレスや顔写真などもそれが特定の個人を識別できるものである場合は、すべて個人情報となります。また、会員番号などはそれ自体は個人情報にはなりませんが、会員リストなどとの照合が容易であれば、個人情報になります。

②個人情報取扱事業者とは

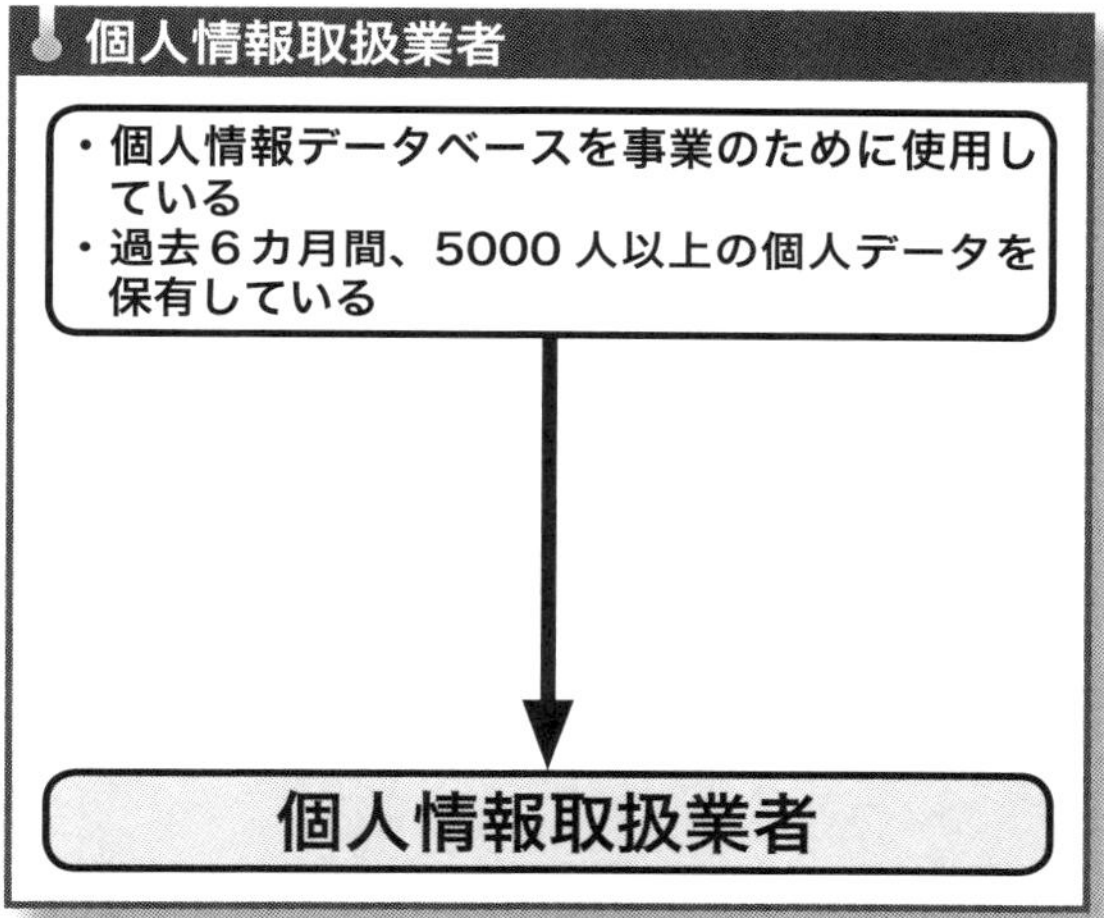
個人情報取扱業者
・個人情報データベースを事業のために使用している
・過去６カ月間、5000 人以上の個人データを保有している
個人情報取扱業者

個人情報取扱事業者とは、過去６カ月間に５０００人以上の個人情報を事業（営利・非営利を問わない）のために使用している事業者（法人・個人を問わない）を言います。この中には営業活動で集めた顧客や見込客などのほか、自社の社員やその家族、不採用者の情報なども含まれます。また、５０００人とは個々の社員の持つ個人情報の合計であり、社員10名の会社でもそれぞれが５００人以上の個人情報を持っている場合は個人情報取扱事業者となります。なお、市販のカーナビやＣＤ－ＲＯＭの電話帳などのように、他人が作成した個人情報を編集や加工せずにそのまま使用する場合は、これらの個人情報は５０００人の中には含まれません。

12 個人情報保護法②　個人情報の取扱い

個人情報保護法は、個人情報取扱事業者の義務を主に次のように定めています。

①利用目的の特定と利用目的による制限

個人情報を収集するにあたっては、偽りや不正な手段を用いてはならないほか、本人に予め利用目的（例　ダイレクトメールの発送）を特定して公表しなければなりません。利用目的の変更は変更前の目的との関連性が合理的に認められる範囲でなければなりません。

②データ内容の正確性の確保と安全管理措置

収集した個人情報は正確かつ最新の内容に保つよう努めなくてはならないほか、漏洩や毀損の防止のためにアクセス制限などの必要な安全管理措置を講じなければなりません。

③第三者提供の制限

原則として個人情報を本人の同意なしに第三者（子会社やグループ企業を含む）へ提供してはなりません。提供するためには個人情報の取得時に予め提供先や利用目的を明示し

個人情報取扱事業者の義務

- ① 利用目的の特定と利用目的による制限
- ② データ内容の正確性の確保と安全管理措置
- ③ 第三者提供の制限
- ④ 個人情報への本人の関与
- ⑤ 苦情の処理

た上で、本人の同意を得る必要があります。

④個人情報への本人の関与

すべての個人情報の事項につき本人が知りうる状態にしなくてはならず、本人からデータの開示や訂正・利用停止の請求があった場合、原則として対応しなくてはなりません。

⑤苦情の処理

個人情報の取り扱いに関する苦情の適切かつ迅速な処理に努めるため、必要な社内体制整備に努めなくてはなりません。

これらの義務に違反した事業者は違反行為の中止などの勧告や命令を受け、命令に違反した場合には懲役や罰金が適用されます。違反行為をした従業員のほか、その従業員が所属する企業も同時に処罰されます。

13 不正競争防止法① 不正競争行為の類型その1

不正競争防止法とは、市場を混乱させたり自由で適正な競争を破壊する、以下のような不正競争行為を取り締まるための法律です。

①商品・営業主体混同惹起《じやつき》行為

消費者に広く周知されている他人の営業表示（氏名、商号、商標など）と同一または類似した表示をしたり、それらの表示をした商品を譲渡して、消費者に他人の商品または営業と混同させる行為を言います。いわゆるフリーライド（ただ乗り）です。

②著名表示使用行為

他人の著名な商品または営業表示と同一または類似した表示を自己の商品または営業表示として使用したり、そのように表示した商品を譲渡する行為を言います。

③商品形態模倣行為

他人の商品の形態（形状・模様・色彩など）を模倣した商品を譲渡・貸し渡し・展示・

不正競争行為の類型①

- ① 商品・営業主体混同惹起行為
- ② 著名表示使用行為
- ③ 商品形態模倣行為
- ④ 営業秘密（トレードシークレット）に関する不正行為
- ⑤ 技術的制限手段の無効化行為

輸出する行為を言います。

④営業秘密（トレードシークレット）に関する不正行為

営業秘密を不正に取得したり、不正に取得した営業秘密を使用・開示したり、正当に取得した営業秘密を不正な利益を図る目的または営業秘密の保有者に損害を与える目的で使用・開示する行為などを言います（２０６ページで詳説）

⑤技術的制限手段の無効化行為

映像・音・コンピュータプログラムにかけられたアクセス制限やスクランブル（暗号化）、コピーガードを無効化する機能のみを有する装置などを譲渡する行為を言います。

14 不正競争防止法② 不正競争行為の類型その2

前項に続き、不正競争防止法で規定されている不正競争行為について説明します。

⑥ドメイン名の不正取得・使用

不正な利益を受けたり、他人に損害を与える目的で、他人の氏名・商号・商標などと同一もしくは類似したインターネットのドメイン名を使用する権利を取得、保有、またはドメイン名を使用する行為を言います。

⑦原産地等の誤認惹起行為

商品やその広告・取引に用いる書類・通信に、その商品の原産地、品質、内容、製造方法、用途、数量について消費者に誤認させるような表示を行い、またはそのように表示した商品を譲渡、展示、輸出入、インターネットなどを通じて提供する行為を言います。そのほか、サービスやその広告・取引に用いる書類・通信に、そのサービスの質、内容、用途、数量について誤認させるような表示を行ったり、そのように表示したサービスを提供

不正競争行為の類型②

⑥ ドメイン名の不正取得・使用

⑦ 原産地等の誤認惹起行為

⑧ 営業誹謗行為

⑨ 代理人等による商標冒用行為

する行為を言います。

⑧営業誹謗行為

競争関係にある他人の営業上の信用を害する虚偽の事実を告知したり、流布する行為を言います。

⑨代理人等による商標冒用行為

外国の商標権者の承諾を得ずに、その代理人などが、正当な理由がないにもかかわらず、その権利にかかる商標と同一・類似の商標を同一・類似の商品・サービスに使用する行為を言います。

以上の不正競争行為を行った場合、違反者は原則として5年以下の懲役もしくは500万円以下の罰金のいずれかを科されるほか、両方を併科される場合もあります。

15 不正競争防止法③　営業秘密

ここでは前述した不正競争行為のうち、特に営業秘密（トレードシークレット）に関する不正行為について詳述します。営業秘密とは、商品の製造方法や設計図・実験データなどの技術情報、あるいは顧客リストなどの営業情報、取引条件や在庫表、販売マニュアルなどの取引情報といった、いずれも社外に秘しておくべき情報を言います。これらの営業秘密は以下の３つの要件を満たすことによって、不正競争防止法で保護されます。

①秘密管理性（秘密として管理されている生産方法や販売方法であること）

３つの要件の中で最も重要なものです。書類であれば「機密」「部外秘」と表示されていたり、鍵のかかる所に保管されていること、デジタルデータであればパスワード管理されているなど、アクセス制限をかけたり、秘密であると認識できることが求められます。

②有用性（事業活動に有用な技術上または営業上の情報であること）

他社との競争で有利に立ち、利益を確保できるような情報であることが求められます。

営業秘密が保護される要件

① 秘密として管理されている生産方法、販売方法であること

② 事業活動に有用な技術上または営業上の情報であること

③ 公然と知られていないこと

③非公知性（公然と知られていないこと）

たとえ秘密として管理されていても、世間では誰もが知っていたり、容易に刊行物やインターネットなどから引き出せる情報であった場合は保護されません。

近年は従業員の転職による技術やノウハウの流出、あるいは自社の秘密情報を持ち出した起業など、営業秘密に関する問題が増えています。会社の役員や従業員あるいは第三者によって、営業秘密が不正な方法で取得、使用、開示された場合、営業上の利益を侵害されたり、侵害される恐れがある者は、差止請求や損害賠償請求、信用回復請求をすることができるほか、刑事責任を追及することができます。

■監修者紹介
小澤和彦（おざわ・かずひこ）
1994年早稲田大学政治経済学部経済学科中退後、特許事務所勤務。ソフトウェア会社勤務を経て、1997年弁理士試験合格、1999年特許事務所設立。2003年司法試験合格。現在、第二東京弁護士会所属、弁護士（ひかり総合法律事務所）。
業務分野は、おもに企業法務、知的財産。著書に、『新・会社法で会社と仕事はどうなる？』（弘文堂）、『Q＆A 新会社法の定款変更手続き』（総合法令出版）、『相続戦争を勝ち抜く85のルール』（九天社）、『通勤大学　図解法律コース』シリーズ（監修）（総合法令出版）がある。

通勤大学文庫
図解法律コース6
営業部のための法律知識

2008年6月4日　初版発行

監　修　**小澤和彦**
編　者　**総合法令出版**
発行者　**仁部　亨**
発行所　**総合法令出版株式会社**
〒107－0052　東京都港区赤坂1-9-15
日本自転車会館2号館7階
電話　03-3584-9821
振替　00140-0-69059
印刷・製本　**中央精版印刷株式会社**
ISBN 978-4-86280-074-9